AF458739

COUR D'ASSISES
DE LA MEURTHE.

PRÉSIDENCE DE M. LE CONSEILLER CLÉRET.

AFFAIRE LANDOVILLE.

Audience du 4 avril 1843.

Cette affaire, qui occupe Nancy, depuis plus de six mois, avait attiré à l'audience une foule considérable.

Des querelles, très-futiles en apparence, ont eu pour résultat d'amener aujourd'hui devant la Cour d'assises un officier général, âgé de 70 ans. Il a pour coaccusés, son frère utérin, le sieur Grether, et les domestiques du sieur Florentin, maire de la commune de Maxéville. Le sieur Florentin et sa femme ont déjà été condamnés pour diffamation et dénonciation calomnieuse. Pour se soustraire à l'effet de ces condamnations et aux nouvelles poursuites dirigées contre eux, ils ont quitté la France.

Dès sept heures du matin, le palais de justice, gardé par un détachement du 52e de ligne, est encombré par une foule nombreuse. Des précautions ont été prises, des places ont été réservées pour les magistrats, pour les corps constitués et pour l'état major de la place.

Au banc de la défense se placent Me Chaix-d'Est-Ange, Bâtonnier de l'Ordre des avocats de Paris; Mes Volland, Lefèvre et Louis, avocats du barreau de Nancy.

Sur le banc réservé aux parents des accusés, se trouvent Mlle Stieler, M. P. Bopp, conseiller à la Cour royale de Bavière, M. Stieler, chef de bataillon en retraite, M. Jeanmougin, capitaine de dragons.

Le siége du ministère public est occupé par M. le procureur général Paillard, et par M. Garnier, avocat général.

A huit heures et demie du matin, l'audience est ouverte.

Sur la réquisition du ministère public, la Cour ordonne l'adjonction d'un conseiller assesseur et de deux jurés, vu la longueur présumée des débats.

M. le président demande aux accusés quels sont leurs noms et prénoms, profession et domicile; ils répondent dans l'ordre suivant :

1° Philippe-Jacques Stieler, baron de Landoville, 70 ans, né à Landau, officier général en retraite.

2° Jean-Gaspard Grether, né à Landau, 66 ans, frère du premier accusé.

3° Théodorine André, 21 ans, sans profession.

4° Anne Maldemé, 45 ans, cuisinière.

5° Adolphe Billion, 17 ans, jardinier.

6° Jean-Baptiste Grandcolas, 33 ans, jardinier.

7° Nicolas Rousseau, 46 ans, vigneron.

Tous demeurant à Maxéville.

Les sieur et dame Florentin sont absents depuis la condamnation qui a été prononcée contre eux en police correctionnelle.

Les jurés prêtent serment.

M. le président ordonne au greffier de donner lecture de l'arrêt de renvoi et de l'acte d'accusation.

Nous ne publions de ce long document que ce qui est nécessaire à l'intelligence des débats qui vont suivre.

« Le sieur Florentin, ancien épicier à Nancy, s'est retiré dans la commune de Maxéville, et en était devenu le maire. Il habite une maison située à gauche de la route qui conduit de Nancy à Maxéville. De cette maison dépendent un jardin et un enclos, avec un petit bois d'agrément à l'extrémité. En face de la propriété du sieur Florentin, et séparée seulement par la route, se trouve la propriété de MM. Gustave et Alphonse Le Petit. La maison est située plus haut, en allant vers le village. M. Edouard Le Petit possède dans la même commune, le château dit Gentilly. La basse cour est séparée par un mur du petit bois qui termine de ce côté le clos de M. Florentin. Les trois frères Le Petit habitent Maxéville depuis un grand nombre d'années; leurs relations y sont nombreuses; leur influence y est grande. Un caractère généreux, des habitudes paisibles leur ont acquis une juste considération. Ils vivaient avec la famille Florentin dans des rapports de bon voisinage, mais non d'intimité. Ces rapports ont commencé à s'altérer, au moins extérieurement, par suite de discussions relatives à des anticipations sur le chemin public.

« En reconnaissant que le sieur Florentin était mû par son dévouement aux intérêts de la commune, il faut reconnaître que ses procédés, ses paroles, ne furent point exempts de quelque rigueur. L'un des derniers jours d'avril, quelques pierres furent lancées, sans mauvaise intention, du clos Florentin dans la basse-cour du sieur Le Petit. Un domestique qui s'y trouvait les rejeta de l'autre côté avec un mouvement de mauvaise humeur.

» M. Edouard Le Petit étant survenu, fit cesser les représailles, qui pouvaient amener des accidents. Bientôt les époux Florentin commencèrent à se plaindre qu'ils étaient assaillis de pierres dans leur habitation, sans nommer d'abord les sieurs Le Petit, mais en les désignant d'une manière non équivoque, comme les auteurs du fait; puis cette réticence calculée fit place à des accusations directes portées devant le préfet, devant le procureur du Roi, et répétées devant témoins avec toutes les circonstances qui pouvaient les rendre moins invraisemblables.

» Dans le même temps, des mains inconnues mutilèrent secrètement, de manière à les faire périr plus tard, un gros pommier et cent quinze arbres verts plantés sur une luzernière de Gentilly, et dont le développement pouvait un jour masquer à la maison Florentin la vue de la ville. La police locale restait inactive.

» L'administration et le parquet s'émurent aux plaintes du sieur Florentin, qui rattachait à l'exercice de ses fonctions municipales les attaques dirigées contre lui, non-seulement par des jets de pierres, mais par des menaces écrites.

» Une information fut faite. Il fut prouvé par les résultats que les incriminations dirigées contre MM. Le Petit étaient en réalité aussi fausses qu'en apparence elles étaient invraisemblables.

» La chambre du conseil rendit une ordonnance de non-lieu.

» Dès le principe, l'opinion publique ne s'était pas laissé surprendre aux doléances des époux Florentin. Pour les moins sévères, ce qui se passait était quelque chose d'étrange, d'inexplicable, qui ne concernait pas et ne pouvait concerner les sieurs Le Petit; pour d'autres plus explicites dans leurs jugements, ces jets de pierres, ces écrits anonymes étaient tout simplement une misérable comédie inspirée par quelque ressentiment occulte qui voulait tromper les magistrats et perdre les sieurs Le Petit.

» La justice, plus impartiale et plus haut placée, continua ses investigations. Le juge d'instruction, avec un zèle, une persévérance, une sagacité dont chaque acte de la procédure porte avec lui la preuve, voulut tout entendre, tout examiner, et au milieu de ces jets de pierres qui se renouvelaient chaque jour à des heures différentes, toujours avec des circonstances singulières, il fut établi aussi clairement qu'une chose de ce genre puisse l'être, qu'aucun indice n'accusait les sieurs Le Petit, bien plus que des impossibilités les protégeaient contre la dénonciation du sieur Florentin.

» L'instruction, dans ses soins les plus actifs, n'avait pas suspendu les jets de pierres. L'ordonnance de non-lieu n'y mit pas un terme, et avec ces pierres qui tombaient d'une manière si étrange, continuèrent les plaintes violentes et publiques de la famille Florentin.

» Les sieurs Le Petit, qui jusqu'alors s'étaient tenus tranquilles, portant les précautions jusqu'à se faire garder dans leur propre domicile par des gens sûrs et dignes de foi qui pussent au besoin témoigner de leur conduite et rendre compte de toutes leurs actions, de celles mêmes de leurs domestiques, sentirent que leur repos, leur dignité même demandait les épreuves d'une lutte judiciaire. Ils firent assigner le sieur Florentin en dénonciation calomnieuse, les époux Florentin en diffamation.

» De son côté, et sur des faits nouveaux, le sieur Florentin poursuivait directement les sieurs Le Petit. Ainsi le Tribunal correctionnel fut saisi sous une forme différente de tout ce système d'accusation de la part des époux Florentin, qui aurait dû succomber pour toujours sous la décision rendue en chambre du conseil.

» Il convenait aux époux Florentin de provoquer la publicité et de faire naître le scandale.

» Le scandale retomba sur eux, et la publicité éclaira d'un nouveau jour les tristes mystères de leurs petites vengeances. Le débat amena des incidents nombreux qu'il fallut porter en appel devant la Cour. Là, tous les jugements ayant été annulés, la discussion s'est reproduite entre les époux Florentin, condamnés à des peines légères, et les sieurs Le Petit, constitués parties civiles.

» Des témoins, plus nombreux encore qu'en première instance, ont été entendus, et, le 1er février, après douze audiences, la Cour a condamné les époux Florentin, l'un à six mois d'emprisonnement et 100 fr. d'amende, l'autre à un mois d'emprisonnement et 25 fr. d'amende, les deux à 3,000 fr. de dommages-intérêts, proclamant dans les motifs d'un arrêt extrêmement remarquable, qu'il y avait diffamation de la part de tous les deux, dénonciation calomnieuse de la part du mari.

» Ces derniers et solennels débats ont fait naître de tristes incidents. Le baron de Landoville et trois autres témoins, ont été constitués en arrestation comme inculpés de faux témoignage, et les charges si graves qui se reproduisaient alors se sont fortifiées dans l'instruction faite par un de MM. les conseillers.

» Aujourd'hui, les époux Florentin et leurs domestiques ont donc à rendre compte, non plus de paroles diffamatoires lancées dans le public, de plaintes mensongères faites aux magistrats, mais d'un concert criminel formé entre eux, dans le but de troubler le repos et la considération de leurs voisins, de les perdre dans l'opinion, de les compromettre aux yeux de la justice. Des témoins entraînés ou séduits par eux ont à rendre compte des fausses déclarations qu'ils ont osé faire sous la foi du serment..... »

Après cet exposé général, l'acte d'accusation énonce les faits qui concernent chacun des accusés. Voici, en ce qui touche les époux Florentin, des détails fort singuliers sur *la pluie de pierres*.

« La femme Florentin convoque des témoins à domicile ; elle demande l'appui de la force publique. Les témoins et les gendarmes voient arriver des pierres, mais personne ne les voit lancer de la main de M. Le Petit, et tout au plus il semble à quelques-uns qu'elles arrivent dans cette direction. Le sieur Florentin indique au juge d'instruction le point de la propriété du sieur Alphonse Le Petit d'où il a été vu lançant des pierres, dont plusieurs avaient pénétré assez loin. Deux hommes, l'un domestique du sieur Florentin, sont placés successivement au même endroit par le magistrat. Ils lancent de nouveau les mêmes pierres qui ont été trouvées sur la propriété Florentin ; une d'elles seulement peut atteindre jusqu'à la grille et se brise en tombant.

» Or, les pierres que les accusés Florentin prétendaient être lancées dans leur propriété ne se brisaient point en tombant. Jetées de loin et obliquement, elles auraient dû rouler en arrivant; elles restent à la même place ; jetées au hasard et dans une intention d'ailleurs malveillante, elles auraient dû causer des dégâts : un seul carreau est cassé ; habituellement elles frappent les persiennes closes, ou bien elles entrent par les croisées ouvertes sans rien endommager dans l'intérieur, et si, bien longtemps après, en désespoir de cause, les accusés Florentin viennent dire que le mur extérieur de leur maison faisant face à l'habitation des sieurs Alphonse et Gustave Le Petit est mitraillé à coups de pierres, le premier jour on n'y voit rien ; le lendemain on y remarque des traces nombreuses que des experts reconnaissent avoir été faites avec un instrument très-anguleux, probablement un marteau de maçon.

» Ici la dame Florentin fait remarquer à des témoins une pierre énorme qu'aucune force humaine ne lancerait à distance. Là les projectiles sont tout simplement des fragments de briques, et l'on croit y reconnaître les débris d'une cheminée démolie chez les époux Florentin, de même qu'on a vu distinctement le bras du mari laissant tomber de derrière une persienne des pierres qu'il venait un instant après montrer comme des pièces de conviction. Nulle invraisemblance ne les arrête. Ils disent que le sieur Le Petit emploie pour lancer les pierres, un instrument qu'ils ne définissent pas bien; un tube, une espèce de sarbacane qui ne peut servir que pour des corps arrondis d'un très-petit volume, tandis que des enfants, dans un moment d'indiscrétion, racontent que le sieur Florentin, embusqué à quelque distance, lance des pierres avec une fronde; mais celles-là, on a la précaution de les diriger là où elles ne peuvent blesser personne.

» Deux fois seulement, soit par hasard, soit exprès, la nièce aurait été légèrement atteinte, mais l'un des faits reste douteux ; l'autre a été évidemment exagéré. «Il devait, disait la dame Florentin dans sa fureur, conduire aux galères les sieurs Le Petit.

» Parmi tous les faits qui, durant sept mois, ont occupé l'attention publique, plusieurs mettent en relief le système des époux Florentin.

» Ainsi, et sans parler des doutes que plusieurs témoins officieux ont conservés, il est arrivé qu'un jour deux gendarmes ont été placés en observation dans l'habitation Florentin ; un autre, sur l'invitation des premiers, était dans l'habitation Le Petit, où il a passé dix-sept heures en faction. Les pierres sont tombées comme à l'ordinaire, pas une seule fois dans l'endroit où les gendarmes pouvaient se trouver, mais régulièrement à la place qu'ils venaient de quitter, et il est demeuré certain que, en tous les cas, elles ne venaient pas de l'habitation Le Petit.

» Ainsi, dans la matinée du 3 juin, au moment même de jets de pierres nombreux, et sous les accusations les plus violentes, les deux voisins ont prouvé leur absence simultanée et celle de leur domestique, qui était à Nancy.

» On rappelle enfin que les frères Alphonse et Gustave Le Petit ont eu constamment du monde pour les garder.»

L'acte d'accusation s'explique ensuite en ces termes sur les faits particuliers au baron Stieler de Landoville et au sieur Grether son frère.

» Le baron de Landoville est un ancien colonel qui a obtenu sa retraite en 1819 avec le grade honorifique de maréchal-de-camp. Il comptait alors 31 ans de services, dix-huit campagnes et six blessures. Ayant été généralement bien noté dans sa longue carrière militaire, le baron de Landoville, qui habite toute l'année au Sauvoy, entre Nancy et Maxéville, avait des relations avec la famille Florentin et les sieurs Le Petit. Il déclare lui-même qu'il trouvait dans ces derniers des sentiments plus élevés, mieux en rapport avec les siens. Quoi qu'il en soit, dans tout le cours de l'été, le baron de Landoville a été obsédé par les plaintes des époux Florentin. On lui montrait des pierres jetées çà et là, un désordre et un trouble qu'on avait soin de grossir à ses yeux. Il voyait le mari désespéré, la femme désolée, et, comme il le dit lui-même, la maison tenue en état de siége. Un jour, une pierre lancée dans la direction de la maison Le Petit, vint frapper la grille de la maison Florentin, et on le vit ébranler cette grille avec fureur, en proférant des menaces et des invectives contre les auteurs d'une telle attaque.

» Cependant il n'avait pas vu lancer la pierre, il ne parlait que d'auteurs inconnus ; il continua même ses relations avec la famille Le Petit. L'affaire s'instruisait, puis semblait terminée, puis reprenait sur de nouveaux errements; elle venait en première instance, on savait qu'elle allait être portée en appel. L'opinion publique s'agitait; le sieur Florentin se laissait prendre en flagrant délit dans son embuscade, et au milieu de tant d'incidents, nul de ceux qui ont des relations avec le baron de Landoville ne savait qu'il était dépositaire d'un secret décisif.

» Le moment de parler vint enfin; et le 20 janvier, à l'audience de la Cour, sous la foi du serment, le baron de Landoville, averti à plusieurs reprises de la gravité de sa position, déposa que, le 17 juillet, étant à table, averti de la part du sieur Florentin que les jets de pierres continuaient, il s'était rendu chez lui; que, placé derrière la lucarne du grenier, muni d'une excellente lunette de spectacle, il avait vu, un peu après six heures, le sieur Alphonse Le Petit se promener seul pendant un quart d'heure environ dans l'allée latérale de son petit bois, puis lancer une pierre qui a frappé l'une des persiennes de l'étage audessous.

» Le baron de Landoville avait amené son frère, le sieur Grether, qui demeure avec lui. Etant descendu, il a envoyé Grether prendre sa place, et dix minutes après, Grether, étant à côté du sieur Florentin, a vu également le sieur Le Petit lancer une pierre que tous deux ont ramassée.

Ces deux témoignages étaient graves contre le sieur Le Petit. On ne pouvait pas les suspecter au même titre que ceux des domestiques placés sous la dépendance immédiate des époux Florentin. La position du baron de Landoville le mettait au-dessus des séductions vulgaires, et la précision des détails, qu'il rattachait lui-même à une date positivement établie, semblait porter un cachet de vérité.

» Heureusement pour la justice, cette précision même a tourné contre les coupables. Il est bien établi que la déclaration des accusés Landoville et Grether est fausse par le fait et mensongère par l'intention....»

Suit l'énonciation des documents rassemblés par l'accusation pour établir la fausseté de ce double témoignage.

Après la lecture de l'acte d'accusation et l'appel des témoins, la parole est donnée à M. le procureur général pour faire l'exposé de l'affaire.

« Messieurs les jurés, l'affaire dont vous allez vous occuper réclame toute votre attention, toute votre patience, toute votre fermeté. Nous ne voulons pas entrer dans la discussion des faits; nous ne voulons que rappeler quelques points essentiels du triste débat qui va se dérouler devant vous. Notre but est de vous faire bien comprendre comment une affaire d'une si haute importance a pu sortir d'un délit, en apparence si léger, que celui qui a fait l'objet du premier procès.

« Cette affaire, comme vous le savez déjà, a commencé par des pierres que l'on prétend avoir été lancées; par de misérables écrits, qui renfermaient des menaces et des injures contre le maire de la commune de Maxéville. Mais aujourd'hui il s'agit du tort immense dont se sont rendus coupables les accusés envers la société en méconnaissant la sainteté du serment, en proférant un mensonge pour perdre un innocent, et pour sauver celui qu'ils savaient coupable. »

M. le procureur général entre dans la discussion des faits soumis à la décision de MM. les jurés.

Après cet exposé, on fait sortir les témoins. M. le président ordonne de faire retirer l'accusé Grether pendant l'interrogatoire de M. le baron de Landoville.

M. le président : Baron de Landoville, vous êtes accusé d'avoir, à l'audience de la Cour royale du 18 janvier, dans l'affaire entre les sieurs Le Petit et les époux Florentin, frauduleusement déclaré sous la foi du serment, que vous auriez vu Alphonse Le Petit jeter, du petit bois de son jardin, des pierres dans la maison du sieur Florentin. Persistez-vous dans cette déclaration ?

L'accusé : Je n'ai rien à changer à la déclaration que j'ai faite. C'est la plus exacte vérité, je dois y persister. J'ai vu jeter une pierre par le sieur Le Petit, le 17 juillet : j'ai vu le mouvement de son bras.

D. A quoi attribuez vous l'inimitié qui existait entre les sieurs Le Petit et les époux Florentin ? — R. Le sieur Florentin m'a dit qu'il y avait un complot formé contre lui pour lui faire quitter Maxéville, dont il était le maire.

D. Vous n'avez pas encore donné cette explication ? — R. Au mot de *complot*, lors de mon interrogatoire, de violents murmures ont éclaté dans le public, et même parmi les membres de la Cour. J'ai dû me taire.

D. Aviez-vous connaissance du procès qui existait entre les époux Florentin et les sieurs Le Petit ? — R. Je ne crois pas que les époux Florentin en aient jamais parlé devant moi.

D. Avez-vous vu jeter des pierres dans la maison Florentin, le 4 mai ? — R. J'ai été appelé par le sieur Florentin, et j'ai vu le jardin rempli de pierres : j'ai été témoin de la douleur de toute la famille. J'ai proféré des menaces contre ceux qui jetaient des pierres, je leur ai adressé les injures que me suggérait mon indignation. On a dû parfaitement entendre tout ce que j'ai dit.

D. Lorsque vous avez fait votre déposition devant la Cour royale, on vous a dit que le sieur Le Petit avait du monde à dîner, le 17 juillet, et qu'il était prouvé par témoins qu'il n'était point allé seul dans le jardin. — R. J'ai dit la vérité, je n'ai dit que ce que j'ai bien vu, et tous ceux qui me connaissent savent que je suis incapable de faire le plus léger mensonge.

D. Est-ce bien le 17 juillet que vous avez vu jeter des pierres ? Pourquoi n'avez-vous pas fait votre déposition lorsque les époux Florentin ont été condamnés, le 29, pour diffamation ? — R. J'ai toujours été étranger à toute discussion, et je n'ai parlé que lorsque j'ai été appelé par la justice. Je n'ai pas de motifs d'inimitié contre le sieur Le Petit ; mais si j'avais pu le voir, je lui aurais dit ma façon de penser sur sa manière d'agir. J'ai toujours cru qu'il y avait un complot pour forcer M. Florentin à donner sa démission de maire. J'ai fait mes efforts pour tout concilier, je n'ai pu réussir.

D. Le sieur Florentin ne vous a-t-il pas rendu un service ? — R. Je n'ai jamais demandé de service à personne. Une fois, quelqu'un à mon service avait fait une vente de vin sans remplir les formalités exigées par la Régie ; j'ai vu M. le maire, le priant d'arranger l'affaire. Ce n'est pas moi qui ai vendu ce vin, j'étais malade dans mon lit. Ce service, si c'en est un, était demandé au maire comme maire, et non à M. Florentin.

M. le procureur général fait observer à l'accusé que, dans son interrogatoire à l'audience de la police correctionnelle, il a pu faire toute espèce d'observations ; que le mot *complot* ne s'y trouve pas ; qu'alors il n'a pas été prononcé.

L'accusé : Ce n'est pas à la dernière audience, c'est à une audience précédente que j'ai prononcé le mot *complot*. Je prie MM. les jurés de considérer que ce n'est pas à mon âge, soixante et onze ans, avec mes blessures, que l'on fait grande attention à telle ou telle expression. Je ne m'occupe que des faits principaux. Ainsi j'ai dit à M. Alphonse Le Petit : Je vous ai vu jeter des pierres, comme je vous vois devant la Cour, et il ne m'a rien répondu.

L'accusé Grether est introduit. M. le président procède à son interrogatoire en l'absence du baron de Landoville.

L'accusé déclare, comme son frère, qu'il a vu M. Alphonse Le Petit jeter des pierres dans le jardin de M. Florentin.

D. Avez-vous plusieurs fois vu jeter des pierres ? — R. Oui. Ainsi un jour nous avions entendu tomber des pierres sur une toiture, nous sommes allés dans la cuisine pour voir de quel côté elles venaient ; des pierres sont venues jusqu'à mes pieds.

D. Pouvez-vous préciser ces faits ? — R. Oui, ces faits sont antérieurs au voyage que mon frère devait faire à Paris.

M. le procureur général : Savez-vous quelles relations existaient entre votre frère et la famille Florentin ? — R. Pour moi je ne l'ai vu qu'à l'occasion de ces malheureuses pierres.

D. N'avez-vous pas rédigé le procès-verbal d'un gendarme ? — R. Un gendarme est venu à Maxéville. En arrivant, il trouva une pierre. C'est alors qu'il voulut faire rédiger son procès-verbal par M. Florentin, qui lui répondit que cela ne le regardait pas. Enfin il s'adressa à moi, et je l'ai écrit entièrement sous sa dictée.

D. M. Florentin ne contrôlait-il pas la rédaction de ce procès-verbal ? — R. Non, c'est le gendarme qui dictait ce qu'il avait vu.

M. le président fait connaître aux accusés les déclarations faites en leur absence par leurs coaccusés, et déclare l'audience suspendue.

A deux heures, l'audience est reprise. M. le président procède à l'interrogatoire de Mlle Théodorine André, nièce des époux Florentin.

D. Vous avez dit que vous aviez vu M. Alphonse Le Petit jeter des pierres ? — R. Oui, Monsieur.

D. Avez-vous plusieurs fois vu jeter des pierres ? — R. Oui, une fois j'ai vu le grand Gustave jeter des pierres : j'étais dans ma chambre.

M. le président : Je dois faire observer à MM. les jurés que Mlle Théodorine André n'a peut-être pas toutes ses facultés.

D. Quels sont donc les papiers que vous avez trouvés dans le jardin de votre oncle ? — R. On en jetait de tous les côtés.

D. Savez-vous qu'ils contenaient des menaces de mort? — R. Oui, Monsieur.

D. Est-ce vous qui les avez écrits? — R. Non, Monsieur.

D. Est-ce bien vrai? On a cru reconnaître votre écriture : il y a eu expertise. — R. Ce n'est pas moi.

D. Avouez donc! on a peut-être abusé de votre faiblesse. — R. Je vous jure que ce n'est pas moi.

M. le président fait passer à MM. les jurés les papiers trouvés dans le jardin et dans la maison de M. Florentin, avec ceux écrits par Mlle Théodorine André sous la dictée de M. le conseiller-instructeur.

M. le procureur-général: Nous ferons remarquer à MM. les jurés que l'orthographe est à peu près la même dans les écrits. Le mot Le Petit est écrit avec la même faute d'orthographe.

M. le président, à Mlle Théodorine : N'avez-vous pas reçu une pierre qui vous a fait une blessure? — R. Oui, Monsieur, la veille de l'Ascension.

D. Savez-vous d'où venait cette pierre? — R. De chez les Le Petit.

D. Billion était-il près de vous? — R. Oui, Monsieur.

M. le président : Anne Maldemé, n'avez-vous pas vu Germain, le domestique de M. Le Petit, jeter des pierres? — Oui, Monsieur, je l'ai traité de lâche.

D. Qu'avez-vous fait des papiers que vous avez trouvés? — R. Je les ai remis à M. Florentin.

D. Avez-vous vu M. Alphonse Le Petit jeter des pierres? — R. Oui, Monsieur.

Les accusés Billion, Grand-Colas et Rousseau persistent dans leurs déclarations.

On introduit M. Alphonse Le Petit. (Profond silence.)

M. Jean-Alphonse Le Petit: Je dois dire que ceux qui m'accusent d'avoir jeté des pierres ont menti; rien n'est plus faux.

Le témoin raconte comment un jour, se promenant dans son jardin, il a été assailli par des cris poussés derrière le mur qui sépare sa propriété de celle de M. Florentin. La domestique l'accablait d'injures, et lui montrait une pierre qu'elle prétendait avoir été jetée par lui. Il lui répondit qu'il ne voulait pas *«s'engueuler avec une servante.»*

Le 9 décembre, le garde-champêtre du faubourg de Nancy vint l'avertir qu'il se passait quelque chose de bien extraordinaire chez M. Florentin; que la veille on était venu le chercher pour dresser procès-verbal contre lui; mais comme il n'avait pas vu jeter des pierres, il n'avait pas voulu dresser de procès-verbal; mais qu'il était certain qu'on voulait le perdre. »

Le témoin alla chercher plusieurs personnes pour voir ce qui se passerait; il vit beaucoup d'allées et de venues. C'est alors qu'un témoin courut du côté du château de Gentilly, et trouva M. Florentin qui venait de se faire prendre au moment où il semblait vouloir lancer des pierres dans son propre jardin.

Les accusés Billion et Grand-Colas déclarent en présence de M. Alphonse Le Petit qu'à plusieurs reprises il l'ont vu jeter des pierres.

M. le président, à la Dlle Théodorine André : Avez-vous vu le témoin jeter des pierres? — R. Oui, Monsieur, une fois; il était auprès d'un abricotier, du côté du petit bois.

M. le président, à M. Alphonse Le Petit : Expliquez-nous les précautions que vous avez prises.

Le témoin : J'ai eu un homme chez moi pendant trois mois depuis quatre heures du matin jusqu'à neuf heures du soir; j'ai même eu un gendarme : personne n'a jamais vu jeter des pierres; et cependant les Florentin prétendaient qu'on en avait jeté.

D. au témoin : Vous savez que le baron de Landoville et son frère vous accusent d'avoir jeté des pierres le 17 juillet? — R. L'accusation de M. le baron de Landoville est mensongère; j'ai déjà dit que j'avais du monde à dîner; à six heures nous sommes allés voir un globe panorama qui est chez moi, puis je suis allé passer la soirée chez M. Roblot à Maxéville : les dames ont dansé à côté des paysans.

M. le président à M. Landoville : Qu'avez-vous à dire? — R. J'ai accusé M. Alphonse Le Petit devant la Cour, il n'a osé rien me répondre. Il a réfléchi *pendant deux mois* avant de me donner un démenti qui n'est pas sans intérêt pour lui.

M. le procureur général : A quelle distance de la porte était M. Le Petit?

Le baron de Landoville : A cinq ou six pas, je crois, mais je ne puis parfaitement préciser.

M. le président, au témoin : Savez-vous si M. Florentin avait des motifs d'animosité contre vous?

Le témoin : Une seule fois j'ai eu une petite contestation avec M. Florentin, relative à une délimitation de terrain communal; M. Florentin fut très-impertinent avec moi. Dès ce moment je cessai toute espèce de relations avec lui.

D. Quelles ont été vos relations avec le baron Landoville? — R. Je n'ai jamais eu que d'excellentes relations avec M. le baron Landoville. Nos visites ont cessé je ne sais pourquoi.

D. Savez-vous s'il existait une grande amitié entre le baron Landoville et M. Florentin? — R. Je pense qu'ils se voyaient assez souvent.

L'accusé de Landoville : Je n'ai jamais eu de relations suivies avec la famille Florentin; à peine si je les voyais deux fois par an.

M. *Gustave Le Petit*, propriétaire, déclare comme son frère, que ceux qui prétendent lui avoir vu jeter des pierres sont de faux témoins.

M. le procureur général : M. de Landoville a déclaré vous avoir vu jeter des pierres.

Le témoin : C'est un mensonge : j'étais presque toujours malade; j'ai pu sortir néanmoins, mais j'étais faible.

M. African Le Petit, propriétaire, reproduit les mêmes faits. Ses relations avec M. le baron de Landoville étaient excellentes; il lui a même rendu un service assez important; le baron de Landoville avait placé des fonds chez un sieur Baudot. On m'annonça, dit le témoin, que la position de ce dernier était mauvaise. Je m'empressai d'avertir M. de Landoville, qui me reçut assez mal. Je cessai de le voir.

On entend encore trois témoins, tous domestiques des sieurs Le Petit. L'audience est levée à six heures, et renvoyée à demain.

Audience du 5 avril.

A huit heures, l'audience est ouverte. La foule est moins considérable qu'à l'audience d'hier; cependant, des dispositions sévères ont encore été prises pour maintenir le bon ordre.

Le baron de Landoville a toujours une démarche assurée, mais son visage est empreint des traces de souffrances réelles; ses traits se sont altérés depuis le premier procès en police correctionnelle.

Pendant tout le cours des débats, Théodorine André verse des larmes, et tient sa figure cachée par son mouchoir.

M. le président procède à l'audition des témoins. Nous ne rapporterons que les dépositions les plus importantes.

Pierre-Martin Marc, vigneron : J'ai vu tomber une pierre contre la grille de M. Florentin. Elle avait été jetée par quelqu'un qui était dans le petit bois de M. Le Petit : c'était un gros caillou. Il y a au moins seize mètres de distance du petit bois à la grille de M. le Maire. Je n'ai pas vu la personne qui a jeté la pierre.

Dominique Genot : Le 4 mai, j'étais placé en sentinelle dans la chambre. J'ai vu tomber une pierre entre la grille et le perron.

Nicolas Cordier : Entre cinq et six heures du soir, en passant devant la grille de M. Florentin, j'ai vu deux pierres, qui, rejetées de l'intérieur d'une chambre au premier étage, tombaient perpendiculairement dans la cour.

M. le procureur général : C'est toujours la manière dont s'y prenaient les Florentin pour se jeter des pierres.

Me Chaix-d'Est-Ange : Il est constant que dans cette journée on avait jeté des pierres, et tout naturellement on les rejetait ; M. Florentin ne voulait pas, j'imagine, en faire des reliques.

Joseph Parisot. Le témoin a donné à M. Florentin un certificat constatant qu'il avait vu le sieur Le Petit jeter des pierres. A l'audience, il déclare que c'est M. Florentin qui a écrit le certificat, qu'il l'a signé sans le lire, sans savoir ce qu'il contenait.

M. le président : Le témoin comprend la sainteté du serment fait en justice, c'est d'un bon exemple.

Me Chaix-d'Est-Ange : Si la cour le permet, je vais donner lecture du certificat. Il se termine ainsi : « Après lecture faite, approuvé l'écriture ci-dessus, signé Parisot. » Ces mots sont de l'écriture du témoin. Je demande comment on peut consentir à écrire que l'on a entendu lecture d'un certificat, quand certainement il n'a pas été lu.

M. Garnier, avocat général : Il ne voulait pas faire injure au maire de sa commune.

Me Chaix : Je ne comprends pas cette raison : tous les jours, devant un juge d'instruction, qui est aussi un magistrat, on donne lecture d'un interrogatoire avant de le faire signer.

M. l'avocat général : Un juge d'instruction n'attend pas qu'on lui demande cette lecture.

Me Chaix : Oui, mais il ne serait pas offensé si on la lui demandait. Reste toujours la signature du certificat. MM. les jurés apprécieront d'ailleurs l'incident.

François Thomas, vigneron : J'étais en faction chez M. le maire : d'abord je n'ai rien vu. Après quelque temps, la demoiselle André est allée dans le jardin ; bientôt elle est revenue tenant sa tête dans ses mains ; elle se plaignait d'avoir reçu une pierre. J'ai vu qu'elle avait un trou et une tache de sang à son bonnet. Des pierres tombaient de tous les côtés, mais je n'ai pu voir qui les jetait ; il commençait à faire soir.

Le témoin ajoute qu'un jour le baron de Landoville est venu le prier de chercher des témoins pour déposer en sa faveur dans son affaire avec la régie.

Le baron de Landoville : Le témoin veut en imposer à la justice. C'est un infâme mensonge !

Un débat s'engage entre le témoin et l'accusé. Le témoin soutient qu'il est sorti volontairement de chez M. de Landoville.

M. Dubois, maire de la commune de Maxéville, depuis la démission de M. Florentin, vient donner des renseignements de moralité sur le témoin Thomas. Il n'a jamais rien entendu dire contre lui. Cependant un garde est venu le requérir pour faire une perquisition, on a trouvé du bois en sa possession.

Le témoin Thomas soutient que ce bois a été acheté par lui.

François Baptiste, gendarme. Ce témoin était de faction chez les époux Florentin. Vers dix heures du matin, il est allé dans le jardin avec Mme Florentin. Une pierre est venue tomber près de lui : elle venait du côté de la basse-cour de M. Le Petit. A plusieurs reprises on est venu lui dire qu'il tombait des pierres ; toutes les fois qu'il arrivait, il voyait des pierres, mais il ne les voyait pas tomber.

En rentrant à la caserne, François Baptiste raconta à l'un de ses camarades qu'il avait vu jeter des pierres chez M. Florentin. Celui-ci lui répondit : Mais c'est donc moi qui les ai jetées, car j'ai été de garde chez M. Le Petit depuis trois heures du matin jusqu'à neuf heures du soir.

M. le Procureur général, au témoin : Qui a écrit votre procès-verbal ? — R. C'est M. Grether qui l'a écrit, c'est moi qui l'ai dicté : je le lui avais demandé.

Joseph Chaley, *Pierre Vincent*, *François Mouginet*, autres gendarmes, ont été de garde chez M. Florentin. Ils n'ont jamais vu tomber de pierres, quoiqu'on vînt leur dire à chaque instant qu'il en tombait en grande quantité.

Mlle. Sophie Davrainville : J'étais dans le jardin; je reçus une pierre; je n'en ai pas parlé à Mme. Florentin. Elle pouvait venir du côté de chez M. Edouard Le Petit. Je savais qu'il existait des difficultés entre MM. Le Petit et M. Florentin.

Christophe Lebel, journalier. Le témoin a reçu une pierre dans le dos au moment où il entrait dans la cour; il a vu le bras de M. Florentin qui se disposait à lui en jeter une seconde. M. Florentin était au premier étage, caché derrière une persienne. Il ajoute que Rousseau, son beau-frère, lui a dit que c'était M. Florentin qui lançait des pierres avec une fronde, lui recommandant de ne rien dire.

Rousseau repousse cette imputation, et attribue cette déposition à la haine.

Le témoin reproduit sa déposition.

Me Louis : Il y avait des ouvriers près de vous; pourquoi ne leur avez-vous pas parlé?

Le témoin : Je n'étais pas assez sûr de mon affaire.

M. le procureur général : Que voulez-vous dire? expliquez-vous.

Le témoin : J'avais peur de M. Florentin parce qu'il m'a subtilisé deux signatures.

M. le procureur général : Mais c'était une raison de plus de parler. Savez-vous ce que vous avez signé?

Le témoin : Non; je crois que ce sont des comptes de la commune.

M. le procureur général : Jamais M. Florentin ne vous a rien demandé? — R. Non, Monsieur.

Me Volland : Alors ce n'est pas cela qui vous a empêché de parler aux ouvriers.

Un juré : Qui vous fait penser que c'était le bras de M. Florentin qui vous jetait des pierres? — R. J'ai reconnu la couleur brune de sa redingote.

Le juré : Comment se trouvaient les persiennes? — R. Elles se touchaient.

Le juré : Alors il ne pouvait passer le bras.

2

Me Chaix-d'Est-Ange : Surtout il ne pouvait pas faire le mouvement nécessaire pour lancer une pierre. Je suis obligé de faire cette observation, malgré le dessein que j'avais formé de ne pas prendre part à la discussion. Cette déposition fourmille d'impossibilités : je voulais la laisser mourir d'elle-même. C'est là un témoignage sur lequel je ne veux pas m'expliquer en ce moment. En vérité, si M. de Landoville en avait dit moitié, je ne sais si je l'aurais défendu. (Mouvement.)

M. le président : Nous constatons les faits, MM. les jurés apprécieront.

Charles Gretz ; âgé de treize ans, dépose que le petit garçon de Vigneron lui a raconté que M. Florentin lançait des pierres avec une ficelle et un morceau de cuir.

Me Louis : Quel est l'âge du petit Vigneron ? — R. Dix ans.

Me Louis : C'était là le confident de M. Florentin. Du reste, ces dépositions me paraissent inconcevables : une fronde pour jeter des pierres dans la maison ! Mais il y avait à peine besoin d'étendre le bras.

On entend un grand nombre de témoins qui viennent déposer des mêmes faits, c'est-à-dire qu'ils ont vu des pierres dans la maison de M. Florentin. C'est M. Florentin, disent-ils, qui jetait toutes ces pierres, et on ne les appelait que pour tâcher de leur faire constater des faits faux.

M. André, adjoint au maire de la commune de Maxéville, dépose que le 10 décembre, vers dix heures du matin, en sortant de chez M. Le Petit, il arrêta, dans le chemin creux M. Florentin, vêtu d'un vieux paletot et coiffé d'un bonnet de coton, qui venait de jeter deux pierres dans son jardin, en ayant soin de se tenir contre la propriété de M. Le Petit.

Aux interpellations du témoin, M. Florentin balbutia, ne sut que répondre, et voulut accuser les gens qui l'arrêtaient de lui avoir jeté des pierres pendant plus de deux heures.

M. le président fait remarquer à MM. les jurés que le 10 décembre le procès correctionnel allait être jugé par la Cour, qu'alors M. Florentin voulait se procurer des témoins.

François Rose : Après quelques détails sur la journée du 10 décembre, ajoute qu'il est allé rendre visite à M. le baron de Landoville, qui lui demanda ce qui s'était passé lors de l'arrestation de M. Florentin; il lui raconta les faits, et lui dit qu'il en déposerait à l'audience. Vous ne pouvez faire autrement, lui répondit M. le baron : c'est le devoir d'un honnête homme de dire tout ce qu'il sait. Quant à moi, je me trouve aussi dans une position bien pénible : je ne prends parti pour personne, mais je serai forcé de dire quelque chose d'affligeant pour moi.

Huit autres témoins sont encore entendus, tous viennent déposer des mêmes faits.

L'audience est levée à six heures, et renvoyée à demain sept heures trois quarts.

Audience du 6 avril.

On continue de procéder à l'audition des témoins.

Denis Roch est le témoin qui a été chargé par M. le juge d'instruction de jeter des pierres du petit bois de M. Le Petit dans le jardin de M. Florentin. Il explique que, placé contre le mur, c'est avec la plus grande difficulté qu'il a pu lancer les deux pierres qui lui avaient été remises.

L'accusé Grand-Colas a fait la même opération devant M. le juge d'instruction; mais il était placé dans une position plus difficile encore : il était à genoux dans l'angle d'un mur contre lequel il risquait de se blesser en faisant le moindre mouvement. Cependant, deux pierres lancées par lui sont venues casser deux pots de fleurs placés sur le perron de la maison de M Florentin.

Un débat assez vif s'élève sur cette expertise. Me Chaix prétend que le juge d'instruction avait fait placer les experts dans une position telle, qu'il leur était pour ainsi dire impossible de lancer des pierres.

M. le procureur général : Nous devons rectifier un fait. L'expert a été placé dans la position indiquée par M. Florentin.

Me Chaix-d'Est-Ange : Nous contestons ce point, et à cet égard je crois que M. le juge d'instruction a mal compris sa mission. C'était problablement pour les intérêts de la défense qu'il choisissait à l'expert une si mauvaise position.

M. le procureur général : Nous devons relever cette insinuation du défenseur, contenue dans ces mots : « C'était probablement dans l'intérêt de la défense. » M. le juge d'instruction ne voulait que constater la vérité, et il a employé pour y parvenir les moyens indiqués par les parties elles-mêmes. Nous ne permettrons donc pas la moindre insinuation contre ses opérations.

Me Chaix-d'Est-Ange : Je n'ai pas pour habitude de procéder par insinuation. Quand je crois devoir dire quelque chose, je le dis hautement, franchement. Le procès-verbal de M. le juge d'instruction appartient à la défense : j'ai le droit, et ce sera peut-être mon devoir de l'attaquer...

M. le procureur général : Nous verrons.

Me Chaix-d'Est-Ange : Oui, nous verrons, je le ferai avec tout le respect que je porte à la magistrature, mais je le ferai hautement, franchement.

Me Volland : Il est impossible que la position donnée aux experts ait été indiquée par les époux Florentin, puisqu'ils ont déclaré avoir vu M. Alphonse Le Petit, et qu'on ne pouvait voir les experts. La position n'était donc pas celle indiquée, il y a eu malentendu de la part de M. le juge d'instruction.

Me Chaix-d'Est-Ange : Il est constant que le procès-verbal ne peut nous être opposé; nous avons d'ailleurs les témoignages les plus satisfaisants pour le combattre.

M. Guibal, juge de paix à Nancy, a été chargé de vérifier l'assertion faite par le baron de Landoville, à savoir, s'il avait pu voir, étant placé à la lucarne du grenier, M. Alphonse Le Petit dans son jardin lançant une pierre. Il est résulté de cette vérification que le baron de Landoville a pu voir, soit à l'œil nu, soit avec une lorgnette.

Me Chaix-d'Est-Ange : Il est impossible d'avoir une déposition plus religieusement faite, plus claire, plus explicite.

M. Châtelain, architecte du département, et M. *de Landremont,* ancien officier d'état-major, viennent confirmer la précédente déposition.

Après quelques dépositions de peu d'importance sur des faits déjà connus et sur lesquels il n'y a plus de contestations, on procède à l'audition de témoins qui ont passé la journée du dimanche 17 juillet dans la maison de M. Alphonse Le Petit.

Charles Colas a dîné avec M. Le Petit. « Il est impossible, dit-il, que M. Alphonse ait pu jeter des pierres, puisqu'il ne nous a pas quittés d'un seul instant depuis quatre heures jusqu'à sept heures et demie.

M. le président : Accusé, qu'avez-vous à répondre?

L'accusé : Je persiste dans ma déclaration : j'ai vu le sieur Le Petit lancer une pierre.

M. le président : Et vous Grether?

Grether : Je ne puis dire autre chose que ce que j'ai vu.

M. le président : Les défenseurs ont-ils quelques observations à faire?

Me Chaix-d'Est-Ange : Messieurs les jurés comprennent à merveille qu'une discussion ne peut avoir lieu en ce moment. Ils viennent d'entendre une déposition; l'accusé la dénie formellement : le reste appartient à la plaidoirie.

M. Mayer, naturaliste, fait une déposition semblable à celle de M. Colas.

M. Fèvre, curé de Maxéville : Je suis allé rendre visite à M. le baron de Landoville, que je savais être l'ami de la famille Florentin, qui, selon moi, se perdait tous les jours. Je le priai de conseiller à M. Florentin de ne pas aller devant la Cour; mais M. le baron semblait croire à son innocence. Je voulais réconcilier les deux voisins, telle était aussi sa pensée. Il ajouta qu'il fallait que les Le Petit donnassent des garanties à M. Florentin pour empêcher les hostilités de recommencer. Je lui dis : « Mais il n'y a pas eu d'hostilités, personne n'a jeté de pierres. » Il me répondit alors : « Ils ont bien fait d'autres folies. — Qu'ont-ils donc fait? vous savez donc quelque chose? — Oui, j'ai vu un homme jeter une pierre; mais je n'ai pas pu parfaitement le reconnaître. » Je suis forcé de rapporter cette conversation; mais je dois ajouter que M. le baron m'a toujours paru prêt à une conciliation.

Le baron de Landoville : J'accepte la déposition de M. le curé. Je ne crois pas cependant lui avoir dit que c'était un jeune homme que j'avais vu. Quant à la conciliation, je lui ai même dit que je donnerais un déjeuner pour que tout le monde redevienne bons amis. Je demanderai à M. le curé s'il se rappelle une autre conversation : s'il ne m'a pas dit : « Mais cela finira donc par un duel? » Ne vous ai-je pas répondu : « mais c'est ridicule si c'est pour M. Florentin; mais s'il s'agit de moi, c'est mon métier, jamais je n'ai fait autre chose que de me battre: que MM. Le Petit se procurent un permis de M. le procureur général, je serai toujours prêt. »

M. le curé : Je ne me rappelle pas s'il s'est agi du duel; je croyais que M. Florentin voulait se brûler la cervelle.

Le baron de Landoville : Au surplus, si je ne me suis pas expliqué plus catégoriquement avec M. le curé, c'est que je l'ai cru du parti de M. Le Petit plutôt que médiateur entre les deux familles.

Me Volland: M. le curé pourrait-il donner des renseignements sur l'état de l'intelligence de la demoiselle André?

M. le curé : Je crois que son état d'esprit approche de l'idiotisme.

M. le procureur général : Une discussion sur ce point me paraît inutile. Je suis disposé à admettre que Mlle André touche les limites de l'idiotisme, sans être complétement dépourvue d'intelligence. MM. les jurés ont dû pouvoir la juger par sa seule tenue à l'audience.

Me Chaix-d'Est-Ange : Après une déclaration aussi loyale, la défense ne peut rien demander de plus; elle est pour ainsi dire inutile.

M. Martin. M. de Landoville, un jour de visite, lui a dit qu'il avait vu M. Le Petit jeter des pierres.

M. le procureur général : Est-ce avant ou après le jugement correctionnel?

Le témoin : Je crois que M. de Landoville avait fait sa déposition.

Robert (François), jardinier : M. Landoville m'a prié de lui servir de témoin et de dire que j'avais vu Cadet Devaux porter une coque de vin de Maxéville à Boudonville, me promettant que je serais bien récompensé de mes peines. Je lui ai répondu que je ne voulais rien, que je ne voulais pas être payé pour faire un mensonge.

M. le procureur général à l'accusé de Landoville : Qu'avez-vous à dire?

L'accusé : Je méprise de tels mensonges, d'autres témoins viendront encore en débiter de pareils.

Joseph Galland, journalier : En 1837, M. de Landoville m'a envoyé chercher par son vigneron.

Le baron de Landoville : Quel est son nom?

Le témoin : Mais c'est Thomas; il voulait me faire faire *un faux témoin* pour son vin. J'ai dit que je n'avais rien vu et que je ne dirais rien.

M. le procureur général : Que vous a dit M. le baron de Landoville?

Le témoin : Il m'a dit que je n'étais pas *un homme fort.* M. le Maire était là.

M. de Landoville : Quel mensonge!

Le témoin : Croyez-vous que je veuille faire un faux devant la justice?

Nicolas Hanus, manœuvre : J'étais avec Galland et M. Florentin lorsque M. le baron m'a offert de l'argent pour lui servir de témoin.

Jean Quinel. Même déposition. Ce témoin est ancien domestique du baron de Landoville, et l'a quitté pour refus d'augmentation de gages. Le témoin, en sortant de chez le baron de Landoville, est entré au service de M. le général Montmarie, qui lui a dit à plusieurs reprises que le général de Landoville était *une fameuse canaille, un gredin, un fripon.*

Me Chaix-d'Est-Ange : Le général Montmarie vous a dit cela?

Le témoin : Oui, Monsieur.

Me Chaix-d'Est-Ange : Vous êtes sûr? Prenez-garde; le général Montmarie n'est pas là, il ne peut vous démentir. Ce que vous dites, vous le dites devant la Cour, devant Dieu.

Le témoin : Oui, Monsieur, sans doute.

Me Chaix-d'Est-Ange : Je n'ai plus rien à dire pour le moment, pour moi le témoin est jugé.

M. le procureur général : L'accusé a-t-il quelque chose à dire?

M. de Landoville : Je m'en réfère à ce que je viens de dire.

M. le procureur général. : M. Vous avez dit que ces témoins sont d'infâmes menteurs, et que vous pouviez le prouver. Il est temps, ce me semble, de s'expliquer.

Me Chaix-d'Est-Ange:Je conçois l'impatience de M. le procureur général, mais je ne veux pas maintenant engager le débat. Je comprends que l'accusation soit désireuse de savoir les reproches qu'on peut opposer contre les moyens de preuve; mon client partage son impatience, mais je dois déclarer que c'est moi qui ai résisté. « Ce qui me rend malade, me disait M. de Landoville, il n'y a qu'un instant, ce n'est plus ce procès, c'est le reproche que l'on me fait d'avoir voulu acheter des témoins. » Le débat suivra donc son cours, la défense présentera ses moyens de défense en son temps, la Cour ne voudra pas qu'il en soit autrement.

L'audience est levée, et renvoyée à deux heures.

A la reprise de l'audience on entend des témoins relatifs aux écrits anonymes qui ont été déposés chez M. Florentin; ils contenaient des menaces de mort. L'accusation soutient que ces écrits émanent de Florentin lui-même et de Mlle. Théodorine.

La fille Maldémé soutient les avoir vu déposer.

M. Berlet, juge d'instruction (mouvement d'attention), entendu en vertu du pouvoir discrétionnaire, pour donner des explications sur le procès-verbal dont il est question plus haut,

M. le procureur général donne lecture du procès-verbal.

M. Berlet : Les pierres jetées m'ont été remises par Mme. Florentin elle-même. J'ai invité M. Florentin à venir avec moi pour me montrer l'endroit d'où venaient les pierres ; après quelques hésitations il vint, je ne crois pas que sa femme soit venue avec moi. Si l'expert s'est placé aussi près du mur, c'est que cette place m'a été indiquée ; plusieurs épreuves ne réussirent pas. C'est alors que Grand-Colas offrit d'en jeter lui-même ; il fit l'opération dans les mêmes conditions que l'expert, et deux pierres sont tombées chez M. Florentin. M. Florentin assista certainement à l'opération. Lors du premier procès, on a dit que les pierres avaient été prises par moi. Je répète qu'elles ont été ramassées par Mme Florentin elle-même.

Me Volland : Dans le premier procès, Mme. Florentin avait dit qu'elle avait vu M. Le Petit jeter des pierres. Pourquoi placer l'expert derrière un mur de huit pieds de haut, de façon qu'il soit impossible de le voir.

Me Chaix-d'Est-Ange : Je persiste à dire qu'il y a eu non pas un malentendu, comme l'a dit mon honorable confrère, Me Volland, mais deux malentendus, et voici comment je veux l'établir :

»Il y avait dans l'instruction deux points essentiels à établir, par conséquent deux opérations à faire : la première, pour savoir si l'on pouvait jeter des pierres, la deuxième, pour savoir si l'on pouvait voir ceux qui jetaient des pierres. Le malentendu consiste à avoir fait mettre à genoux dans un angle l'homme qui jetait des pierres. Pour la seconde Mme Florentin et la fille Maldémé, ayant dit qu'elles avaient reconnu ceux qui jetaient des pierres, il fallait faire ce que la Cour a fait faire depuis, compléter l'opération.

M. Berlet : Monsieur l'affaire a marché ; je ne pouvais faire une opération dont la nécessité n'a été reconnue que depuis par la Cour.

M. le président : Nous devons dire que nous avons procédé autrement que M. le juge d'instruction, et qu'il ne nous semble pas que nos opérations se contredisent; elles nous paraissent prouver deux choses toutes différentes.

M. Berlet : Je ne pouvais pas deviner ce qui ne s'est produit que plus tard.

Me Chaix : Il est constant que Mme Florentin avait dit avoir vu jeter des pierres et avoir reconnu ceux qui les jetaient, et cela avant votre opération.

M. le président, à M. Berlet : A quelle distance du mur était l'expert Roch ?

M. Berlet. : Je ne me rappelle pas.

Me Volland : Le procès-verbal ne dit rien à cet égard ; mais l'expert a déclaré ce matin qu'il était exactement contre le mur.

M. Berlet : Mais alors il n'aurait pu agir.

Me Chaix. Je suis de votre avis; mais tout le monde l'a entendu. MM. les jurés ont vu son geste. Roch, saisissant la barre de bois placée devant lui, a dit qu'il était collé contre le mur.

M. le président : Monsieur le juge d'instruction, vous pouvez vous retirer.

M. le docteur Bonfils vient donner quelques explications sur l'état mental de Théodorine André et sur celui de Grand-Colas. Il a donné ses soins à Mlle. Théodorine lorsqu'elle a été blessée par une pierre; elle vomissait du sang en quantité. Quant à son état mental, il croit qu'elle n'a pas la conscience de ses actions. Grand-Colas a reçu ses soins comme aliéné; il n'est pas positivement fou, cependant il n'a peut-être pas toujours sa raison.

Me Volland : M. le docteur a-t-il vu Mlle Théodorine vomir du sang ? — R. Non, Monsieur.

Me Volland demande lecture de la déposition écrite du docteur.

M. Bonfils : Mais je n'ai pas fait de déposition écrite.

Me Volland : Je vous demande pardon, monsieur le docteur, vous en avez fait une que vous avez signée après lecture faite.

M. l'avocat-général donne lecture de la déposition de laquelle il résulte que le docteur a vu vomir Mlle Théodorine.

M. le docteur : Je ne crois pas avoir jamais vu vomir Mlle Théodorine.

Me Volland : Cela expliquera comment il peut arriver que, même avec les intentions les meilleures, et la plus grande loyauté, il peut se glisser des erreurs dans une déposition écrite. Cela est de quelque importance dans une affaire de faux témoignage. MM. les jurés n'ont pas oublié que le jeune Billion est accusé pour avoir dit qu'un mot avait été changé dans sa déposition devant le juge d'instruction.

Trois experts en écriture viennent rendre compte de leur expertise. Ils pensent que les billets trouvés chez M. Florentin doivent être attribués à Mlle. Théodorine André, et à la fille Maldémé.

Après quelques incidents et quelques autres dépositions sans intérêt, l'audience est levée et renvoyée au lendemain.

Audience du 7 avril.

On commence l'audition des témoins à décharge.

Joseph Renard, ouvrier couvreur, est allé avec son maître chez M. Florentin. Ils étaient dans le fond du jardin près de la statue ; il a reçu deux pierres, une sur l'épaule, une dans les jambes ; ces pierres paraissaient venir de chez M. Le Petit. Mme. Florentin et les domestiques étaient avec eux. M. Florentin était avec son maître dans son cabinet. Mme. Florentin chantait en se promenant.

M. le président : Toujours la chanson de Mme. Florentin.

Pierre Castaldi, autre ouvrier, même déposition. Il dit n'avoir pas entendu chanter Mme. Florentin.

Mlle. Patin : J'étais chez Mme. Florentin. Nous sommes allées nous promener dans le jardin ; les domestiques travaillaient près de nous. Nous reçûmes des pierres. Nous sommes revenues au salon, et pendant la route, nous en avons encore reçu. En me retournant, j'ai vu sur le mur un homme qui nous épiait. Tous les domestiques étaient certainement près de nous.

M. le procureur général : Rousseau était-il aussi dans le jardin ? — R. Je ne l'ai pas vu.

Me Volland : Mais Rousseau est vigneron ; il n'est pas

domestique ; il travaille pour tout le monde, tantôt dans une maison, tantôt dans une autre.

Me Chaix : A ce compte on finira par trouver quelqu'un de la commune de Maxéville qui n'était pas chez M. Florentin. (On rit.)

Mlle. Louise Germain : Je me promenais dans le petit bois de M. Florentin un matin de l'été dernier. Personne encore n'était levé. J'entendis parler et casser du bois sec derrière le mur qui sépare le petit bois de la basse-cour de M. African Le Petit. Je vis sur le mur une caisse en bois derrière laquelle une tête d'homme pouvait se cacher, elle disparut immédiatement, et aussitôt j'ai reçu des pierres. J'ai été obligée de quitter le jardin.

M. Chardard. : J'ai connu M. Florentin depuis son enfance. Toujours il a été homme d'honneur ; jamais il n'a failli à sa bonne réputation. Il a toujours rendu de grands services à sa commune. Au mois d'avril je suis allé le voir ; il était triste, inquiet. Il nous fit confidence de toutes les persécutions qu'il avait à subir. Je l'engageai à persévérer dans ses bonnes intentions.

« Au mois de juin, le 30, j'y allai encore ; j'y rencontrai M. Bachot. Pendant le déjeuner, nous avons entendu tomber deux pierres contre les persiennes. Aussitôt M. Bachot ouvrit la fenêtre, et nous vîmes dans le clos de M. le Petit un homme qui fuyait. Sur la route il n'y avait personne ; je fus persuadé que ces pierres venaient de chez M. Le Petit.

» Une autre fois encore, j'allai à Maxéville ; j'entendis du bruit : je courus chez M. Florentin. Grand-Colas était fort en colère ; il nous disait que, fatigué d'avoir reçu des pierres, il était sauté par dessus le mur pour voir celui qui les lui jetait. Il tomba alors au milieu d'un groupe de personnes qui l'accusèrent d'avoir jeté des pierres.

Me Louis : Le témoin pense-t-il que Grand-Colas jouait la comédie ? — R. Non, certainement, il était dans un état affreux de colère et d'indignation.

M. Silbermann : Je suis allé à Maxéville après la fuite de M. Florentin pour acheter son cheval. Il est certain qu'il n'y avait personne à la maison. Nous avons vu tomber deux pierres et un morceau de plâtre.

M. Bachot : J'étais à déjeuner chez M. Florentin avec M. Chardard. Deux pierres sont venues tomber contre les persiennes ; j'ai ouvert la fenêtre. Il y avait dans le clos de vigne de M. Le Petit un homme qui fuyait en se cachant la figure; il était grand et gros : M. Florentin m'a dit que c'était M. Alphonse Le Petit. Je ne le connaissais pas. M. Florentin était on ne peut plus affligé. Il lui a fallu un grand courage pour résister aussi longtemps.

Catherine Moye : J'ai vu sortir une pierre d'une touffe d'arbres du jardin de M. Le Petit. Un instant après, il en arriva une seconde. Grand-Colas appela lâches et gredins ceux qui jetaient des pierres.

Félix André, commis du gendre de M. Florentin : J'étais dans la cour de M. Florentin à causer avec le petit Mougenot. Un jeune homme au service de M. Le Petit passa devant la grille, nous jeta des pierres. Je courus après lui. J'ai pris son chapeau au moment où il entrait au château : ce chapeau, je l'ai déposé au greffe.

Me Chaix : Le chapeau est au greffe; il attend un propriétaire ou une poursuite.

Un juré : Mais il faudrait savoir quel est le propriétaire.

Me Volland : Le témoin l'a déposé au greffe après l'avoir arraché au domestique de M. Le Petit.

M. Alphonse Le Petit : Ce n'est pas un domestique, c'est un orphelin que mon frère a recueilli.

Auguste Messier : J'étais à la campagne; j'ai vu tomber des pierres; elle venaient certainement de chez M. Le Petit.

M. le président du Tribunal de commerce : J'allai voir M. Florentin pour le consoler de toutes les persécutions qu'il avait à souffrir; je le trouvai accablé. J'ai remarqué au mois de juillet des traces de pierres sur le mur de la maison.

Jean-Baptiste Royer, garde champêtre : Je suis innocent.

Me Chaix : J'en suis bien persuadé. Mais n'avez-vous pas dressé un procès-verbal contre Thomas? — R. Ah! oui, Monsieur, je vous remercie. J'ai été informé que l'on volait du bois; je me suis transporté à Maxéville; j'ai constaté que chez Thomas et chez plusieurs autres il y avait du bois volé.

Un juré : Etait-il en contravention? — R. *Ben, oui, là* certainement.

M. le Président : Comment avez-vous été prévenu qu'on prenait du bois? — R. Par une lettre sans signature.

M. le président donne lecture de la lettre : elle est datée du 14 février 1843.

Le témoin : Si je n'ai pas dressé procès-verbal, c'est que c'est un malheureux qui n'a pour ainsi dire pas de quoi vivre.

Me Chaix-d'Est-Ange : Le témoin a-t-il également fait une perquisition chez D. Lebel, le témoin qui a reconnu M. Florentin par le bas de la manche de son paletot? — R. Oui, Monsieur; mais il en avait un peu moins pris que l'autre.

Thomas s'avance au milieu de l'auditoire. « Messieurs, dit-il, j'avais droit à la moitié du bois; si je ne l'avais pas enlevé, on l'aurait volé. M. de Landoville avait des mouchards. Bien pardon, Messieurs, excusez. (Thomas retourne à sa place au milieu de l'hilarité générale.)

MM. les experts viennent rendre compte de l'expertise. Ils sont d'un avis unanime pour dire qu'il y a de l'analogie entre l'écriture du billet n° 14, et celle du corps d'écriture fait à l'audience par Germain, jardinier de M. Le Petit; que M. Florentin n'a pas écrit le billet n° 14; qu'enfin l'écriture en paraît déguisée.

Un juré : Mais hier il me semble que l'un de MM, les experts a trouvé une assez grande ressemblance avec l'écriture de Germain.

Me Duchesne : Il est vrai, je l'ai dit, mais sans l'affirmer; je pense toujours de même.

M. le Président prie MM. Chardard et Bachot d'avancer, et leur demande s'ils connaissent M. Le Petit, Alphonse, et s'ils lui trouvent quelque ressemblance avec la personne qu'ils ont vue dans la vigne.

M. Bachot : Je crois bien qu'il y a de la ressemblance, mais dans ma conscience je ne puis dire le reconnaître.

M. Chardard : Je ne puis que m'en référer à la loyauté de M. Bachot, près duquel j'étais lorsque j'ai vu l'homme se sauver; comme lui, je pense que c'est M. Le Petit que j'ai vu pour la première fois au procès correctionnel. Comme lui aussi je ne puis l'affirmer. Mais comme l'homme était chez M. Le Petit, il doit savoir qui il était.

Un juré : Mais cet homme avait-il l'air d'un maître ou d'un domestique?

M. Bachot : Il avait un chapeau de paille, mais comme M. Le Petit, c'était un homme à larges épaules.

Me Chaix-d'Est-Ange : Le chapeau de paille était-il rayé en noir? — R. La distance nous empêchait de voir. C'était un vieux chapeau.

Joseph Patenote, ancien jardinier de M. le baron de Landoville : Je voudrais bien que l'on m'interrogeât; car je *suis tout neuf*. Je ne sais pas ce que l'on me veut.

Me Volland : Vous avez été domestique chez M. Landoville; comment se conduisait-il à votre égard ? — R. Très-bien ! je sais ! Avant d'entrer au service du général, j'avais entendu dire qu'il était très-sévère; mais aussi on m'avait dit qu'il était exact comme un militaire. Quand il me grondait, je grondais mes aides; s'il se fâchait, je me fâchais bien plus fort. Mais enfin un jour, après neuf ans de bonne amitié, il m'a prié de sortir de chez lui. Je suis sorti de chez lui, Messieurs; j'ai voulu me venger. Mais après ma colère, je me suis souvenu de ses blessures, de sa maladie, je me suis dit qu'il était allé *sous le sol* brûlant de l'Egypte. (On rit.) Alors, pour me venger, j'ai travaillé plus fort que d'ordinaire; je voulais me faire regretter. Tout cela s'est raccommodé, et je ne puis dire combien je suis affligé de voir un aussi bon maître accusé d'une si méchante manière.

Barbier, brigadier de gendarmerie : Je suis allé chez M. Florentin pour surveiller sa propriété. Je n'ai rien vu. La seconde fois, après quatre heures, on est venu me dire que l'on jetait des pierres de la basse-cour. Je vais dans le grenier avec M. Florentin. Je vois tomber une seconde pierre; mais elle ne pouvait venir de chez M. Le Petit; elle venait du côté de chez Robert. Je sortis bien vite pour voir où il était; je le trouvai tout interdit à mon aspect sur sa porte près de la ruelle. Je lui dis qu'il avait jeté une pierre, il me dit que non : mais pour moi, je dois déclarer que j'ai toujours pensé que c'était lui. Un jour, en retournant à Nancy, j'ai vu M. Alphonse Le Petit; je lui ai dit que je pensais que l'on jetait de chez lui des pierres chez M. Florentin. Il ne nia pas et se mit à sourire. J'ai cru alors qu'il savait quelque chose qu'il ne voulait pas dire.

La fille Brun, ancienne domestique de M. le baron, était chargée de vendre le vin. Elle faisait comme tout le monde cette année-là : le vin ne valait pas la peine, et était trop bon marché pour que l'on pût payer les droits. M. le baron était malade. Il ne se mêlait de rien.

M. le président : Avez-vous vu venir Thomas, Galland et un autre, le jour de la saisie ou le lendemain ? R. — Non, Monsieur, personne n'est venu.

Le sieur Mansuy : Un Monsieur de Nancy est venu me demander des renseignements sur M. le baron de Landoville. Il prétendait que M. le baron m'avait fait un tort de plus de 10,000 fr. Je lui ai dit que cela n'était pas vrai, que M. le baron était un honnête homme : il est parti peu satisfait.

L'accusé de Landoville : Savez-vous le nom de ce dernier? —R. Jamais je ne l'ai vu depuis ; je ne le connais pas.

Nicolas Beaupré : Le 17 juillet, je suis allé chercher le contrôle de la garde nationale chez M. le maire. La cuisinière se plaignait que l'on jetât des pierres. M. Florentin me pria de rester pour tâcher de voir d'où elles venaient. Je n'ai pas vu jeter de pierres ; mais vers cinq heures ou cinq heures et demie, j'ai vu M. Alphonse Le Petit se promenant seul dans son petit bois.

Le sieur Salle, percepteur, rend compte d'une conversation qu'il a eue avec M. Grether. Il causa avec lui du procès de M. Le Petit et de M. Florentin, et manifesta la crainte qu'il avait d'un funeste résultat pour M. Florentin : » Oh ! répondit Grether, ils ont de bons témoins. —Ah bien ! voilà le moment de les produire. —Leur avocat n'est pas de cet avis, répondit-il. » Voilà tout ce que nous avons dit.

Me Volland : Ce n'était pas, en effet, le moment, puisque M. Florentin faisait défaut devant la police correctionnelle.

M. Schmidt, pasteur protestant, rend compte également d'une conversation qu'il a eue avec M. Grether. « Vers la fin du mois d'août de l'an dernier, dit-il, M. Grether vint me voir. J'avais été malade. Je lui demandai entre autres choses ce que devenait le procès Florentin. Il m'en a parlé longuement. Je ne puis vous dire toute la conversation ; mais une phrase m'a frappé, à cause de son air d'importance et de mystère. Il me dit : « M. Florentin est condamné, mais l'affaire n'est pas finie ; elle viendra devant la Cour, et alors il y a des personnes qui parleront. On sera bien étonné de les entendre. » (Mouvement.)

L'audience est levée et renvoyée à deux heures, pour entendre le réquisitoire du ministère public.

Une foule immense encombre la salle, bien avant la reprise de l'audience ; toutes les places réservées sont occupées par la magistrature et l'état-major de la garnison. MM. les avocats du barreau de Nancy sont tous en robe. C'est à grand'peine que les dames, munies de billets, peuvent parvenir jusqu'aux tribunes. Au moment où l'on ouvre les portes, il se fait un mouvement de confusion. La garde est repoussée, et l'espace réservé au public, est bientôt envahi par plus de cinq cents personnes,

A l'ouverture de l'audience, M. le président ordonne de fermer les portes, de ne plus laisser entrer personne, même avec des billets. « On m'avertit, dit-il, que des personnes sans billets se sont emparées des places réservées; j'espère qu'elles n'attendront pas pour sortir que je donne ordre de les expulser. »

M. le curé de Maxéville : Je suis témoin, je dois rester à l'audience pendant tous les débats. J'ai droit à une place ; que M. le président veuille bien me la faire donner.

M. le président : L'observation n'était pas pour vous. On va vous placer.

M. le président recommande au chef du poste de faire exécuter la consigne avec la plus sévère exactitude, de faire doubler son poste, s'il le faut.

M. le président : La parole est à M. le procureur général.

M. le procureur général. Messieurs, au milieu du naufrage de tant d'idées, en présence du désordre de tant de principes, il en est un dont le salut importe à la sécurité des Etats comme à la bonne administration de la justice. Aussi longtemps que les liens du serment constitueront une sorte de rapport entre l'homme et la divinité, il y aura pour la justice une sécurité parfaite dans les condamnations prononcées, ou dans les acquittements qui sortent de cette enceinte. Mais, croyez-le bien, à l'instant où l'infraction du serment descend du domaine des devoirs de la conscience sous l'appui de la loi, il se passera alors quelque chose de triste, et vous sentirez la nécessité de réprimer la violation du serment.

Le danger grandirait le jour où le jury hésiterait devant la nécessité de la répression du crime de faux témoignage : c'est sous l'empire de ces considérations que vous devrez aborder la cause qui vous est soumise. Permettez-moi une réflexion, sur le crime de faux témoignage. On se demande comment il est possible d'acquérir la preuve d'un faux témoignage. Ceci, Messieurs, rentre dans le domaine de l'appréciation des faits. Heureusement, nous pouvons dire que le crime de faux témoignage comme les autres crimes, ne peut échapper à la répression du jury. Nous vous le ferons d'ailleurs remarquer une seconde fois et ce ne sera peut-être pas la dernière, c'est que, sitôt que la foi due au témoignage sera ébranlée, il n'y aura plus de justice possible. Dans un pareil état de choses, le principal, et pour ainsi dire l'unique élément du débat doit être la déclaration des témoins. Le jour où vous pourriez penser que la déclaration d'un témoin n'est pas l'exacte expression de la vérité, il y aura, je ne dirai pas un remords, mais une inquiétude réelle dans votre esprit, même après une décision rendue. Veuillez aborder cette cause délicate sous l'empire de ces graves considérations. Dites-vous que le jour où l'on pourra penser que le faux témoignage ne rencontrerait pas une répression nécessaire, une inquiétude réelle pèserait sur la conscience des magistrats et du jury : on se demanderait jusqu'à quel point les témoignages peuvent être altérés, et on ne marcherait plus qu'en tremblant. C'est là un fait contagieux, et contre l'entraînement duquel il faut prémunir les esprits qui pourraient ne pas reculer devant le faux témoignage. Car il semblerait malheureusement que mille considérations humaines peuvent colorer d'une manière plus ou moins plausible un faux témoignage, et en dernier résultat, qui souffrirait de tous les inconvénients, si ce n'est l'honneur et la sécurité du serment et de la justice elle-même.

Après ces considérations, je vous dois, Messieurs, un exposé, un historique de cette affaire telle qu'elle se présente aujourd'hui. Il n'entre pas dans notre intention ou dans les nécessités de la cause de discuter chacun des petits faits dont elle se compose, mais bien d'encadrer cette cause dans une série de propositions dont la démonstration résulte du débat oral.

Vous savez, Messieurs, que les embarras de la position ont commencé par des jets de pierres. D'autres faits ont envenimé la querelle d'une manière dont chacun de vous a compris l'importance. Les trois frères Le Petit en ont déposé sous la foi du serment. Leurs adversaires ont donné d'autres explications. Vous avez maintenant à choisir entre le récit de MM. Le Petit, si constant et toujours le même, et le récit de chacun des accusés présents.

Et songez-y, Messieurs, si vous proclamiez l'innocence de tous les accusés qui sont placés sur ces bancs, vous diriez par là que le mensonge est ailleurs ; pensez, Messieurs, à cette grave considération quand vous prononcerez votre décision.

Nous voulons établir d'abord qu'il n'y a pas eu de pierres jetées avec une intention méchante par les frères Le

Petit dans l'habitation, dans le bois ou dans les vignes de M. Florentin; ensuite, que les pierres qui ont été jetées réellement chez le sieur Florentin l'ont été par les Florentin eux-mêmes ou par les gens de leur maison, et, enfin que les témoins qui ont dit le contraire devant la justice ont porté sciemment un faux témoignage.

M. le procureur général examine successivement ces trois points. Il soutient qu'il y a une impossibilité morale à ces lâches attaques à coups de pierres par les frères Le Petit contre la maison Florentin. Il ajoute qu'il y a eu, d'après les dépositions même des témoins, l'état des lieux, les enquêtes et les expertises, qu'il y a eu de plus impossibilité matérielle démontrée que ces pierres aient pu être jetées chez les Florentin.

Arrivant au second point de sa discussion, M. le procureur général soutient que les pierres jetées l'ont été toutes par les Florentin ou leurs gens, et qu'on n'oppose pas l'absence des époux Florentin pour arrêter le ministère public. Non, les époux Florentin appartiennent au débat, et le devoir du ministère public est de dire hautement que les Florentin ont formé contre leurs voisins un complot ridicule et odieux pour les perdre et pour égarer la justice, et que tous les accusés présents ont participé à leur action dans la mesure de leur intelligence. Ici on n'éprouve, pour arriver à la preuve, que la difficulté du choix, Si, dans huit ou dix circonstances, on prouve que les Florentin ont jeté les pierres, il en devra résulter que tous les autres reproches de jets de pierres ne doivent pas plus avoir de réalité contre les frères Le Petit, ou doivent tous être imputés à la même cause. M. le procureur général annonce que tous les faits de cette nature ont été suffisamment développés devant le Jury. Ainsi le 5 mai, on a dit que la domestique des époux Florentin avait fait une scène publique à M. Le Petit, l'accusant d'avoir jeté des pierres, et M. Le Petit aurait répondu, en se servant d'une expression plus vulgaire, qu'il ne voulait pas se commettre avec de telles gens. Mais il faut observer que des témoins vous ont dit que M. Le Petit était déjà sur le pas de sa porte avant que la domestique l'eût accusé d'avoir jeté des pierres. L'idée de l'accusation est donc résultée de la présence de M. Le Petit sur sa porte. Et puis, qu'est-ce que ces prétendues dépositions à décharge qui vous disent que des pierres venaient dans le petit bois, dans la cuisine, dans la cour, alors qu'ils étaient là avec les époux Florentin? Mais on sait que ces pierres jetées n'arrivaient jamais qu'après que Mme Florentin chantait dans son jardin. On dira sans doute que le chant de Mme Florentin appelait les jets de pierres, parce qu'on la savait là! Mais on peut répondre que le chant de Mme Florentin n'était qu'un signal donné pour appeler les pierres. Une telle déclaration ne prouve donc rien, à moins qu'on ne prouve qu'il n'y avait aucun endroit d'où M. Florentin aurait pu jeter ou faire jeter les pierres. C'est ainsi que s'est passé le cours de l'été avec des alternatives de repos et d'agitation; mais des épreuves ont été faites au mois de juin. On a fait garder la maison Florentin, des gendarmes ont été placés là : des pierres arrivent par dizaines, mais, par malheur, les pierres venaient toujours de l'endroit que quittaient les gendarmes, et jamais ils n'en voyaient. Et le lendemain, un gendarme placé dans la maison Le Petit, dit à son camarade : mais si des pierres ont été jetées, c'est moi qui les ai jetées. Qu'a pu penser la justice? Que c'étaient les Florentin qui jetaient ou fesaient jeter des pierres. Et l'on ne peut douter de ce fait, si l'on peut prendre un jour les Florentin en flagrant délit de mensonge. Avant d'en arriver là, des révélations nouvelles nous mettront sur la voie. Entendez des enfants parler? que disent-ils : C'est M. Florentin qui lance des pierres avec une ficelle, il balance son bras et cela va le mieux du monde! Une circonstance de plus doit être signalée : outre des pierres, on a jeté des briques, et un jour on a détruit chez M. Florentin une cheminée en briques. Le 27 juillet on a remarqué Grand-Colas, à la suite de signaux faits par son maître, sautant par-dessus le mur et voulant se diriger vers la maison Le Petit. Qu'allait-il faire? On ne l'a pas vu jeter de pierres il est vrai; mais comment explique-t-il sa conduite? Il était impatienté de recevoir des pierres et il a voulu voir d'où elles venaient. Mais les témoins, qui étaient avec M. Le Petit, ont dit que personne n'a lancé de pierres de chez eux. Grand-Colas n'avait donc rien à chercher et vous devinez sans peine ce qu'il allait faire! Et puis c'est un témoin qui voit le bras de M. Florentin jetant une pierre! On a critiqué ce fait et cependant chacun comprend que l'ouverture d'une persienne dont les deux battants se touchent peut donner passage au bras d'un homme. M. le procureur général raconte la scène du 10 décembre où M. Florentin lui-même a été saisi vêtu d'un mauvais paletot et coiffé d'un bonnet de coton, tapi près de son petit bois et y lançant des pierres à côté de sa femme qui avait avec elle deux témoins Le flagrant délit a été constant, et cependant Florentin s'écria d'abord : Oh! il y a bien assez longtemps que vous me jetez des pierres! Il songea, il est vrai, à fuir aussitôt. Et puis, des tentatives ont été faites pour suborner des témoins, et le témoin Henri, que nous sommes heureux de pouvoir louer hautement, vous a dit qu'on l'avait engagé à modifier sa déclaration. Et le soir même Florentin racontait encore comment, dès qu'on faisait du bruit dans la cour, une pierre y arrivait. Il a secoué la chaîne du puits et une pierre est venue. Une pierre a même été lancée entourée d'un écrit anonyme sur le passage du conseiller de la Cour, chargé de faire l'instruction. Il demeure donc incontestable que les pierres lancées l'ont été par les Florentin et leurs gens. Quant aux témoins, à décharge qu'en dire? Sans les accuser d'un faux témoignage, ne savez vous pas que la mère et le beau-père d'un des accusés ne vous offrent pas les garanties nécessaires? Et MM. Chardard et Bachot! Ils ont vu quelqu'un fuir dans le jardin de M. Le Petit. Est-ce lui qui a jeté une pierre? les témoins l'ont-ils vu? non. Leur témoignage n'est donc pas concluant.

Arrivant à l'inculpation de faux témoignage qui pèse sur les accusés, M. le procureur général soutient que quiconque disait avoir vu jeter des pierres de chez M. Le Petit, devait être sérieusement examiné. Quelques-uns l'ont dit, et nous ne les accusons pas, ils se sont trompés. D'autres ont été plus loin Ce sont les quatre premiers accusés dont nous voulons vous parler.

A l'égard de la fille Maldémé et de la fille André, on ne peut les convaincre d'un mensonge résultant de tel ou tel fait. Il y a quelque chose de plus général et de plus grave, elles vivaient dans la maison des Florentin, sachant tout ce qui s'y passait, et aidant toutes leurs vengeances. Elles ont formellement accusé les frères Le Petit d'avoir jeté des pierres sur la maison Florentin. Chaque fois que ce témoignage s'est produit, il a été entouré de tous les caractères du mensonge. En effet les pierres ne venaient pas seules, elles étaient accompagnées d'écrits anonymes contenant des menaces contre M. Florentin; il y en a trente. Les écrits, les menaces et les pierres ont une relation indispensable. Ces écrits sont l'œuvre de la fille André. Un seul est de la main d'Anne Maldémé. Elles dénient ce point, il est vrai; mais leur dénégation est combattue par une expertise. Après quelques considérations générales sur les expertises en écriture qui ne méritent, dit M. le procureur général, ni l'excès d'honneur, ni l'excès d'indignité dont on les accable, il discute le rapport des experts et en conclut la réalité de la participation des deux accusées à la rédaction de ces pièces. L'appréciation seule de MM. les jurés suffirait du reste pour s'en convaincre. Rapprochez cette circonstance de tout ce qu'on sait et vous en conclurez que la fille André et la fille Maldémé rattachaient leur coopération aux jets de pierres journaliers. Et quand elles ont déposé sous la foi du serment qu'elles avaient vu MM. Le Petit jeter des pierres, elles ont fait sciemment un faux témoignage; l'une par faiblesse d'esprit, l'autre par aveuglement. M. le procureur général déclare donc que son désir de reconnaître et de proclamer la vérité le force à abandonner le sort de la fille André à la raison du jury. Elle a coopéré aux faits du procès : elle a été un instrument, aveugle, si l'on veut, mais réel des faits que l'accusation impute aux époux Florentin. Quant à la fille Maldémé, elle a eu la conscience de ce qu'elle faisait et la loi doit lui être appliquée; car elle s'est dévouée à ses maîtres jusqu'au parjure.

M. le procureur général passe ensuite aux faits qui concernent les deux frères, MM. de Landoville et Grether. La combinaison préparée par les époux Florentin avait besoin de l'autorité d'un témoin élevé qui pût dire : J'ai vu. Ce témoin, l'ont-ils rencontré? C'est ce que vous aurez à vous demander, Messieurs les jurés? Ce n'est pas sans regret que la justice a placé sur ces bancs un homme que sa vie antérieure, son âge, sa position appelaient à plus de ménagements. Il a fallu pour nous toute l'évidence pour nous faire penser que là où brillait le signe de l'honneur, se rencontraient la déloyauté, la défection au serment prêté devant la justice. On a hésité, mais on a fini par croire au faux témoignage et l'accusé a dû comparaître devant vous.

M. le procureur général rappelle le débat correctionnel et ses longues hésitations. Le Baron de Landoville, sous la foi du serment, a déclaré à l'audience, que le dix-sept juillet, placé à une lucarne du grenier Florentin, il avait vu Le Petit jeter une pierre; son frère Grether a fait la même déclaration. Les magistrats et les parties furent saisies d'une émotion bien concevable. Voilà un fait dont la preuve contraire n'était pas facile, vous sentez avec quelle attention on dut s'enquérir de toutes les circonstances, on a voulu savoir la date, le 17 juillet, vers six heures, après le dîner du Baron ; cette date est-elle certaine? L'accusé dit qu'il est certain de la date, parce qu'il devait partir deux jours après pour Paris. Le sieur Le Petit répond de son côté que ce jour-là il n'a pas été seul un instant; il amène les convives d'un dîner qu'il donnait et qui rendent compte de ce qui s'est passé ce jour-là. La date à cet égard se trouve précisée par la fête d'Arnaville, et c'est ce jour-là qu'il donnait à dîner; elle est encore précisée par la déclaration de Beaupré qui allait ce même jour chercher une pièce chez M. Florentin.

Il y a là un fait de faux témoignage de la part du Baron de Landoville. Qu'on ne parle pas d'intérêt de séduction; le crime est réel, son motif ne nous importe pas. Avant tout, il peut dire : Examinez ma vie, et voyez qui je suis, il a de bons services militaires, nous regrettons qu'une tache vienne les couvrir. Mais est-il un de ces hommes dont la délicatesse n'a jamais fléchi ? Voyons donc ses antécédents. Un jour n'a-t-il pas tendu un de ces piéges où il a fini par tomber ? Oui. M. le procureur général rappelle qu'en 1837, une vente de vin a été faite en fraude et qu'une contravention a été constatée par les contributions indirectes ; que le Baron a pu être étranger à la fraude, mais qu'il a tenté de prévenir les conséquences du procès-verbal, que si le procès-verbal n'avait pas été régulier, il eût fallu formuler une inscription de faux; que pour arriver à l'inscription de faux, on a cherché de bons témoins auxquels on a demandé de déposer en justice, moyennant un salaire, qu'ils avaient vu le nommé Devaux sortir de son habitation, que les témoins ont refusé et que le Baron leur a dit : Allez, vous n'êtes pas des hommes forts ; — On suspecte la déclaration de tous les témoins, mais les preuves n'ont pas été fournies, ils restent donc avec la garantie de leur serment. Quant aux deux autres, on leur reproche des infidélités dans leur service, et on conclut de là qu'ils peuvent mentir aujourd'hui. Est-ce là une preuve qui puisse invalider la déposition de cinq personnes dont trois y sont étrangères? — Mais Lebel et Thomas ont volé du bois, dit-on, au mois de février dernier. A cet égard, de ce fait à un faux témoignage, il y a une longue distance et on se rappellera que c'est à une lettre anonyme qu'est due la découverte du fait qu'on reproche à ces témoins.

Pour arriver à la preuve du faux témoignage imputé au baron de Landoville, M. le procureur général rappelle les faits du 17 juillet et les discute. Des pierres étaient jetées avant l'arrivée du baron; on le place près d'une persienne dans le grenier, et il voit M. Le Petit à l'aide d'une lorgnette: on verrait peut-être en appliquant l'œil sur les lames mêmes de la persienne, mais avec une lorgnette, il est impossible de rien voir; si on regarde dessous, on peut voir, mais on doit être vu. Enfin, il voit M. Le Petit jeter une pierre; il redescend indigné et envoie son frère prendre sa place, et un quart d'heure après le frère redescend après avoir vu aussi M. Le Petit jeter une pierre. Que répond M. Le Petit? Il indique l'usage de sa soirée, il avait du monde à dîner, il n'est pas resté seul de la soirée, il est sorti à 7 heures pour aller chez le sieur Roblot. De ces deux déclarations, une est fausse, et toutes les circonstances du procès démontrent que la seule véritable est celle de M. Le Petit. Le baron a donc dit un fait faux. Maintenant y a-t-il eu erreur ou mensonge? C'est ce qu'il reste à examiner pour établir le crime de faux témoignage. L'erreur, mais s'il y avait erreur, le baron pouvait revenir sur sa déclaration et en présence de toutes les circonstances, il faut admettre que le baron a dit ce qu'il a dit avec la conscience qu'il disait un mensonge.

En effet, lors de l'enquête faite par M. le président, M. de Landoville a vu du grenier où on l'avait conduit, il a vu M. le président et il l'a reconnu; sa vue est donc sûre: ajoutons que la conduite du baron de Landoville, dans les circonstances suivantes, a dû confirmer la justice dans ses soupçons. Si donc le baron a nié plus tard des faits vrais, on pourra penser qu'il avait un intérêt de le faire; aussi des témoins ont dit qu'il était dans l'intimité des époux Florentin, et le baron a dit que c'étaient de trop petites gens pour qu'il se fût lié avec eux, tandis que le service immoral qu'il a cherché à leur rendre, suppose une intimité réelle et une intérêt immense. En 1837, lors de la contravention de la régie, c'est Florentin qui traite de la transaction avec le contrôleur: Quelques jours avant, Florentin est présent quand le baron de Landoville cherche à suborner des témoins: plus tard, quand Quinel demande une augmentation de gages, c'est Florentin qui promet de la lui faire obtenir. Voilà donc une intimité bien constatée, et la dénégation d'un fait si authentique vient augmenter les soupçons qu'inspire la conduite de M. de Landoville. Triste chose pour les époux Florentin que cette dénégation d'une amitié si longue. Voilà pour ce qui a précédé; mais pour ce qui a suivi! M. de Landoville sait que les époux Florentin sont persécutés; un jour il exhalait sa fureur contre les auteurs de ces persécutions, il sait la clef de toute cette affaire, et il se tait, il garde le silence depuis le 17 juillet jusqu'au mois de décembre; et quand il s'occupe d'une transaction qui doit amener une réconciliation, il se tai encore, quand il peut imposer la paix à M. Le Petit! Personne ne croira à cela. Personne ne croira qu'il ait gardé le silence jusqu'au jour où il a parlé devant la justice. Il voit M. le curé de Maxéville, et il ne lui dit pas qu'il a vu le véritable auteur des jets de pierres. Il y a là une révélation précieuse : c'est un homme qui n'a pas vu, on a arrangé cela plus tard, quand il fallait un témoin puissant. C'est là pourquoi il a été tristement dévoué à la fin d'un procès dont on voulait sortir vainqueur. Maintenant dira-t-on qu'à l'audience correctionnelle M. Le Petit n'a pas repoussé par un démenti solennel l'imputation du baron de Landoville? mais il vous a dit qu'il avait été étourdi d'une telle prétention! et ce n'est que plus tard, en rassemblant ses souvenirs qu'il a trouvé la réponse sans réplique que vous connaissez.

M. le procureur général appelle, enfin, l'attention de MM. les jurés sur les prétendues mitraillades de pierres qu'on a simulées sur la façade de la maison Florentin, et trouve dans cette dernière comédie la preuve de l'absence complète de bonne foi de la part des Florentin et des témoins qui sont venus soutenir leur système.

Il n'y a plus qu'un moyen, dit en terminant M. le procureur général, pour le baron de Landoville d'intéresser le pays en sa faveur! Voudra-t-on mettre dans votre balance, le poids de son épée, la considération de ses vieux services ? Voudra-t-on faire valoir ses soixante-onze ans, sa vieillesse accablée d'infirmités, sa vie antérieure, à lui noble débris d'un temps de gloire et digne de tout l'intérêt de ses concitoyens. Mais, Messieurs, il y a quelque chose au-dessus des intérêts des personnes, au-dessus même des intérêts de la gloire, il y a quelque chose que vous devez respecter par dessus tout, c'est le respect de ce serment sans la sainteté duquel il n'y a pas de justice possible; ce serment dont la sainteté soumet à votre conscience les mouvements mêmes de votre cœur, et qui ne vous permettra pas de déclarer que celui-là n'est pas coupable dont tous les faits vous démontrent la culpabilité. Au-dessus de votre pouvoir, il est un pouvoir suprême qui seul peut accorder grâce, à vous, on ne peut demander que justice, et c'est justice que nous vous demandons. Vous prononcerez avec fermeté et vous saurez vous mettre en garde contre ce que le crime que nous vous avons dénoncé semble offrir d'abord de moins saisissable. Quand un homme est accusé d'assassinat, vous avez devant vous une famille qui demande vengeance du sang versé ; quand un homme est accusé de vol, l'intérêt personnel de ses juges eux-mêmes assure pour ainsi dire sa répression; car tous peuvent craindre le même préjudice et les mêmes tentatives pour les coupables. Mais si le faux témoignage est un crime qui ne frappe pas les personnes, il offense la société et il peut servir à abriter d'autres crimes, vous devez donc le punir. Enfin, Messieurs, qu'il y ait une différence entre l'homme qui vend son témoignage pour de l'argent et l'homme qui cède, en trahissant la vérité, à un entraînement du cœur ou de la sensibilité, je le conçois, mais le crime n'en existe pas moins et doit être puni d'autant plus sévèrement que le coupable est plus haut placé. »

Après ce réquisitoire, constamment écouté avec attention par un auditoire nombreux et brillant, l'audience est levée et renvoyée au lendemain.

Audience du 8 avril.

Une foule plus considérable encore que la veille a envahi la salle longtemps avant l'ouverture de l'audience, et c'est à grande peine que les témoins parviennent aux places qui leur sont réservées.

La parole est donnée aussitôt à M. l'avocat général Garnier, chargé de soutenir l'accusation en ce qui concerne les trois derniers accusés : Billion, Grand-Colas et Rousseau. Ce magistrat rappelle en commençant et d'une manière rapide les faits généraux du procès. Il relève en passant les nombreuses impossibilités morales et matérielles qui, suivant lui, repoussent le système général des accusés. Il fait ressortir ces contradictions déjà indiquées entre l'état des faits établis par l'arrêt correctionnel de la Cour de Nancy, et ceux présentés par les accusés postérieurement à l'instruction qui a précédé cet arrêt. M. l'avocat général ajoute en terminant sur ce point que jamais un mot, un reproche ne s'est élevé sur la moralité des frères Le Petit et qu'on n'en peut dire autant sur les Florentin et sur les autres accusés. Il relève cette autre déclaration de M. de Landoville qu'il avait été si étonné lui-même, si surpris de l'action qu'il aurait vu commettre par M. Le Petit, qu'il en était resté malade quarante jours ! M. l'avocat général conclut de ces faits que jamais MM. Le Petit n'ont jeté de pierres dans la propriété Florentin, et que les témoins qui ont déclaré le contraire en ont imposé à la justice. Ces preuves générales suffisent donc pour démontrer la culpabilité des trois accusés sur lesquels il s'explique. Il ajoute les faits particuliers relatifs à Grand-Colas, à Billion et à Rousseau. Quant à Grand-Colas, pourtant qui a passé plusieurs années dans la maison d'aliénés de Maréville, M. l'avocat général s'en rapporte à la sagesse du jury. Il soutient l'accusation contre Rousseau. Cinq témoins, en effet, ont été entendus et ils ont rapporté qu'il leur avait dit n'avoir jamais vu jeter de pierres par les frères Le Petit, ajoutant qu'un domestique devait toujours obéir aux prescriptions de son maître. Quant à Billion qui déclare avoir vu une pierre, lancée du clos de MM. Le Petit, venir frapper Mlle André dans le dos, sa déclaration est aussi mensongère ; car pressé par M. le juge d'instruction, il l'a démentie lui-même en ajoutant que son maître et Anne Maldémé lui avaient fait la recommandation de déclarer qu'il avait vu la pierre sortir du jardin de MM. Le Petit. Il est revenu ensuite sur ses aveux pour persister dans le mensonge qu'il avait fait d'abord, en disant que s'il s'était rétracté, c'était parce qu'on l'avait intimidé dans le cabinet du juge d'instruction. Cette déclaration est trop contraire à la vérité et même à la vraisemblance pour tous ceux qui connaissent M. le juge d'instruction, pour qu'on croie au mensonge dans lequel persiste aujourd'hui sciemment l'accusé Billion.

M. l'avocat général insiste en terminant sur une considération grave, c'est que le verdict du jury, quel qu'il soit, sera un verdict de condamnation pour les témoins qui sont venus devant la justice déposer, selon leur conscience, s'il n'est pas un verdict de condamnation pour les accusés.

M. le président : La parole est au défenseur des accusés de Landoville et Grether.

Me *Chaix-d'Est-Ange :* Messieurs les jurés, au terme de ces longs débats, je n'abuserai pas du temps qui nous reste ; je ne veux pas fatiguer cette attention religieuse, intelligente, que vous avez accordée à ce long procès. Je ne donnerai pas à ma défense des développements inutiles ; je ne veux pas non plus donner à une accusation désormais insoutenable une importance que tout l'admirable talent de l'organe du ministère public n'a pu lui donner; je veux remplir simplement ma tâche, rétablir la vérité des faits et vous démontrer l'innocence de mes clients par des arguments sans réplique, par des preuves incontestables.

Vous vous rappelez, Messieurs, qu'une commune qui touche à cette royale ville où nous sommes a été jetée dans le trouble; pourquoi, vous le savez; vous connaissez les causes apparentes, publiques de ce fait; ce sont maintenant ces causes secrètes que je vous demande la permission de vous révéler.

Là vivait un homme qu'on vous a fait connaître, le sieur Florentin qui, né dans une condition humble et pauvre, avait commencé le commerce dans les derniers échelons du commerce, et à force d'ordre et d'économie, avait amassé une fortune considérable. Il avait acheté à Maxéville, une maison assez belle. En 1837, il se retira des affaires et vint fixer sa demeure à Maxéville. C'était un homme d'une éducation peu soignée et d'un caractère faible, irrésolu; néanmoins, il fut nommé maire de cette commune.

Auprès de lui vivait la famille de MM. Petit ou Le Petit: c'est une famille qui occupe un rang dans le monde, on le dit, je le suppose : ces messieurs se prétendent nobles, ils le disent, c'est la même chose, je le crois; ils sont accueillis, bien vus, bien traités dans la société. Ils ont jusque dans la magistrature de ce pays des relations honorables, des amitiés puissantes, des alliances intimes : ce sont du reste, des gens d'une éducation ordinaire, de manières communes et d'un langage grossier ; vous en avez pu juger, Messieurs, par ce propos que vous avez entendu sortir de la bouche de l'un d'eux, du plus considérable ; je ne voulais pas, a-t-il dit..... il faut bien que je le répète, m'engueuler avec une servante.....

Leurs propriétés entouraient celle de la famille Florentin : d'un côté est le domaine de Gentilly qui appartient à celui qu'on appelle M. African Le Petit ; sa propriété borde le jardin Florentin ; de l'autre côté de la route et en face de la maison Florentin, habitent les deux autres frères.

Jusque-là, la bonne intelligence avait régné dans la commune, le maire faisait son devoir, avec énergie quelquefois, et tout allait bien. M. le procureur général vous a dit les difficultés qu'on rencontre souvent dans l'exercice de pareilles fonctions. L'administration de M. Florentin vivait cependant sans trop d'embarras. Il était aussi en bonne intelligence avec la famille Le Petit et leurs rapports étaient bons; lorsque tout à coup, cette paix fut troublée ; comment, le voici :

Mu par un sentiment honorable, par le dévouement que porte un maire aux intérêts de sa commune, M. Florentin élève une réclamation contre un des frères Le Petit. Le chemin de l'église était trop étroit, il avait dû être plus large, donc il y avait eu une anticipation, il demande à M. Alphonse Le Petit son titre, on mesure, et il se trouve que l'anticipation est constatée. Aujourd'hui M. Le Petit se vante d'une générosité après coup : il a abandonné la portion contestée, le chemin a la largeur voulue et il a donné à la commune l'objet en litige. Quoi qu'il en soit, le maire fut alors obligé de réclamer, on lui répondit que les choses avaient été dans cet état depuis plus de cent ans, que c'était l'œuvre du grand juge Régnier ; on oublie en parlant ainsi que le grand juge existait encore il y a 30 ans environ. La suite de ces prétentions amena de l'aigreur entre le maire et son administré, une preuve vous en a été donnée par M. Le Petit. Il existait un procès entre la commune et une dame de Rochefort : une expertise avait lieu, M. Le Petit s'y présente et que fait-il ? lui, habitant de la commune, il donne tort à la commune, il blâme le maire qui agissait dans son intérêt. Le maire s'approche, il se défend, et là on échange quelques paroles aigres que vous vous rappelez encore.

A la suite de ceci, et vers la fin d'avril, des pierres sont jetées dans la basse-cour de M. African Le Petit : elles sont rejetées par la servante dans la maison des époux Florentin.

Qu'était-ce que cela ? Rien, un accident. Messieurs Le Petit n'y devaient pas faire attention ; tous les jours des enfants jettent des pierres, et l'on répond : Ne disons rien, ce sont des enfants qui s'amusent ; au lieu de cela, il sembla que ce fût un signal donné : tous les jours le nombre des pierres augmente, la commune retentit des plaintes des époux Florentin. Le mal redoublant, le maire tombe dans un désespoir que des témoins honorables vous ont dépeint, et qui ne pouvait être simulé. M. le président du Tribunal de commerce de Nancy, entre autres, a vu le maire en larmes, atterré, abattu ; il voulait donner sa démission, et fuir le village de Maxéville.

Chaque jour l'animosité augmente, et dans cette commune, entre les nobles, qui se croient encore les seigneurs du lieu, et le maire, c'est-à-dire, le dépositaire de l'autorité légitime ; deux camps se forment ; deux partis se dessinent, et chacun va où ses sympathies, ses intérêts ou ses convictions l'entraînent.

Du côté des frères Le Petit, sont les premiers de la commune, M. le curé en tête, c'est-à-dire, l'intime ami de la famille Le Petit, lui-même l'a dit à cette audience ; contre le maire, on voit encore l'adjoint, c'est chose ordinaire, habituelle, naturelle même, et puis la famille d'Hagrainsart.

De l'autre côté, sont les partisans du maire, qui croient que les auteurs des jets de pierres sont les frères Le Petit.

Après de longs pourparlers, le maire se décide enfin à porter une plainte ; il demande l'intervention de l'autorité administrative, et l'on espère que la justice viendra prêter force à la loi.

L'autorité administrative a-t-elle eu beaucoup de sympathie pour son délégué : je le veux bien, M. le procureur général le déclare, il faut que je le croie. L'autorité s'émeut ; elle apprend la plainte du maire, et elle sait que son devoir est de le soutenir et qu'elle ne doit pas le laisser à la merci d'hommes qui veulent le forcer à donner sa démission ; l'autorité administrative recommande le maire à l'autorité judiciaire.

Mais là un premier obstacle se présente. Il faut commettre un juge d'instruction. Mais le juge d'instruction est un ami intime de la famille Le Petit, et si intime, qu'il se dit lui-même qu'il ne peut instruire une affaire qui intéresse un maire qu'il ne connaît pas et une famille qui a toutes ses sympathies. Grâces lui en soient rendues et merci !

L'instruction s'est faite cependant! A Dieu ne plaise que je veuille vous retracer ici toutes les phases de ce procès, une chose me suffit. A la suite de cette instruction, il est intervenu sur le rapport d'un magistrat que je respecte, une ordonnance de non-lieu. Cette ordonnance a été rendue avec une parfaite conviction, je le reconnais, mais elle a été faite sur des errements qui n'étaient pas exacts, en faveur de MM. Le Petit, et elle a proclamé leur innocence.

Tout est-il fini? Malheureusement non! Les débats vont recommencer plus vifs, plus ardents, plus passionnés! Pourquoi la famille Le Petit ne s'est-elle pas contentée de la satisfaction qui lui était donnée? Serait-il vrai que poussée par des passions ardentes, elle aurait reçu d'en haut, de ses amis, de ses conseils des instigations fâcheuses? Serait-il vrai qu'on l'aurait poussée dans la lice judiciaire où devaient se rencontrer tous ces scandales? Enfin, elle a porté plainte en diffamation et en dénonciation calomnieuse.

Qu'est-il arrivé? Le sieur Florentin a fait défaut en première instance, il n'a pas voulu se défendre, il a eu tort; il ne devait pas douter de l'impartialité des magistrats; la justice est égale pour tous et il aurait dû savoir que le magistrat laisse à la porte du sanctuaire de la justice le souvenir de toutes les liaisons du monde, il aurait dû venir. Il ne l'a pas fait et il a été condamné.

Il en a appelé à une justice supérieure.

La chose était périlleuse : il y avait contre lui des documents judiciaires d'une grande gravité et notamment un procès-verbal d'expertise dressé par M. le juge d'instruction contre lequel je n'ai pas un mot à dire, ni une arrière pensée à garder dans mon cœur. On vient de défendre ce magistrat devant vous, MM. les jurés, comme s'il avait besoin de justification et de défense. On a dit qu'il était sorti de nos bancs pour s'asseoir sur le siége de la magistrature, comme s'il avait besoin des souvenirs de la confraternité du barreau pour défendre une conduite que personne n'attaque : on la dit honorable, je le savais encore et je l'ai appris à cette audience et dans l'intimité de nos conversations : ce que vous avez dit, je le proclame donc avec vous.

Mais je ne dis qu'une chose ; il a fait un procès-verbal incomplet : voilà tout ! Il y avait une grande question à résoudre. Vous prétendez que de la maison Le Petit, on vous a jeté des pierres, disait-on aux Florentin. Le fait est-il possible? S'il ne l'est pas, ces malheureux sont perdus. C est donc une opération décisive. Le juge d'instruction va sur les lieux. Il fait la vérification, et son procès-verbal constate que le fait allégué est impossible. Eh bien ! comment l'opération a-t-elle été faite ? Avec conscience, sans doute, et qui donc l'oserait contester? Mais elle a été faite sur des indications mauvaises. Elles ont été données, dites-vous, par Florentin lui-même ! Mais Florentin, passez-moi ce mot, était une bête, vous le saviez, et vous le pouviez voir, il n'a pas dit ce qu'il devait dire. Mais alors, il fallait multiplier les épreuves. Voyons ; ce qu'on ne peut pas faire de l'endroit où vous étiez, peut-être on le pourra d'un autre endroit ! C'est pour cela que j'ai dit avec raison que l'opération était incomplète : voilà tout ; si elle avait été poussée plus loin, elle aurait donné un résultat contraire. Car plus tard, quand l'affaire a été mieux instruite, plus complétement, veux-je dire, car je ne dirai pas qu'elle l'ait été d'une manière plus impartiale, la Cour a reconnu que le premier procès-verbal était incomplet. Il fallait donc le compléter, et alors on aurait acquis la preuve de la fausseté de ce qu'on plaidait naguère contre les Florentin devant un auditoire ému et indigné ; on aurait acquis la conviction qu'il était facile de jeter des pierres d'un jardin dans l'autre.

J'ai signalé la difficulté de la position des Florentin, lorsque arriva un grave événement dont la justice humaine leur a fait subir et avec raison toute la responsabilité. Je veux parler de la scène du 10 décembre ; vous savez que ce jour-là, Florentin, dans un accoutrement ridicule, déguisé sous un costume ignoble, fut découvert à l'angle extérieur de son petit bois par ceux qui étaient chargés de le surveiller, il avait des pierres dans les mains, et il se disposait à les jeter dans son jardin, donnant ainsi contre lui des preuves accablantes.

Alors la face du procès change, une clameur d'indignation se fait entendre. Les plus favorables aux Florentin se tournent contre eux, et dans ce palais ils furent entourés d'ennemis, comme au sein de la commune de Maxéville. Les magistrats entendirent ces clameurs, et il fallut qu'eux-mêmes descendissent de leur siége dans la place publique, qu'ils intervinssent de leur personne pour protéger contre d'odieux agresseurs les justiciables et les témoins qui avaient eu le courage de rester attachés à leur cause et de déclarer ce qu'ils avaient vu.

Si j'ai rappelé ces excès, Messieurs les jurés, ce n'est qu'en rougissant. J'ai pour la justice une vénération si profonde que je la voudrais toujours voir entourée d'un silence respectueux, que je voudrais voir le public prosterné autour d'elle, ne lui dictant pas ses arrêts, même les plus justes, mais les recevant avec reconnaissance; et lorsque je songe qu'aux jours de la prévention, le temple où elle rend ses arrêts, était entouré des clameurs les plus indécentes d'une populace en démence, cédant à des passions aveugles; lorsque je songe que de pareilles clameurs ont quelquefois dressé des échafauds où montait un innocent, je ne puis assez dire combien je suis affligé et indigné. (Mouvement).

Voilà, Messieurs, le spectacle qui a été donné à cette ville. Voilà au milieu de quelles circonstances les Florentin ont été jugés et condamnés; cependant, s'il fallait trouver dans la cause des preuves de ce fanatisme si dangereux, de ces préventions si fatales, je les trouverais dans une circonstance qui semble puérile, indifférente, et à laquelle personne ici sans doute n'attache d'importance.

Ainsi la maison Florentin avait été meurtrie par les pierres, les traces en étaient multipliées; combien il y en avait, je l'ignore, mais il y en avait, et l'avocat, quel avocat? Me Volland l'avait vu, il le disait. Etait-il seul à le dire? Non, le président du Tribunal de commerce le disait aussi. Est-ce tout? Dix autres le disaient comme eux, et notamment Melle Patin, la fille du juge de paix. — Mais voyez l'empire des préventions! Arrivent dix témoins de la commune, le maire en tête, et tous disent qu'il n'y a pas une meurtrissure sur la maison. Quoi! vous êtes dix qui osez l'attester! Imprudents, téméraires, parce qu'au mois de janvier rentrant chez vous à cinq heures, au moment où les ténèbres commencent à s'épaissir, vous n'avez pas aperçu ce que dix autres ont vu, vous venez, induisant la justice en erreur, dire que ces traces n'existent pas, tandis que d'autres les ont vues.

Voilà comme la justice humaine est trompée. Dirai-je cependant que ce sont de faux témoins ? Du tout, je dirai qu'ils déposent d'un fait faux, mais ils en déposent sincèrement, parce qu'ils parlent sous l'empire d'une prévention furieuse, mais que je veux croire honnête.

Eh bien, c'est sous le poids de ces témoignages qu'on entend prononcer le nom de l'homme que je viens défendre.

Il avait déclaré avoir vu M. Alphonse Le Petit, le 17 juillet, dans son jardin, jeter une pierre dans la maison Florentin. On l'interroge, on le presse, il persiste; on le menace, il persiste.

C'est un effroyable droit, convenez-en, qui est au pouvoir de l'accusation que le droit de menacer un témoin. Je ne le lui conteste pas, elle doit l'avoir, mais elle n'en doit user, n'est-ce pas, qu'avec réserve, j'ai presque dit avec frayeur. Lorsque du haut de ce siége qu'entourent tant de respects, dans cette enceinte silencieuse, le magistrat dit à un témoin : «Prenez garde, vous ne dites pas la vérité, vous » mentez, j'ai le droit de vous faire arrêter, de vous faire » conduire en prison,» je vous le demande à vous qui êtes des hommes fermes et éclairés, est-ce qu'il n'y a pas là, dans cette menace légale, quelque chose qui intimide les plus robustes, qui fait frémir les plus résolus. C'est pourtant un droit dont on use, c'est une menace qu'on fait souvent.

Et avant d'arrêter le baron de Landoville, le ministère public et le président l'avertissent, on lui fait voir la prison qui s'ouvre, on lui demande non une rétractation, c'eût été indigne de son caractère, mais avouez que vous vous êtes trompé, lui dit-on; mais en présence d'un danger, est-ce que cet homme pouvait céder ? Non, il persiste, conduisez-moi en prison !

Et le vieillard est saisi à l'audience, jeté en prison, et l'on commence une instruction contre lui.

Voilà l'acte qui précéda la condamnation des Florentin, qui imposa silence à leur défense. Florentin est perdu, il a vendu ses biens, quitté sa famille, ses enfants, ses amitiés, son pays ; il s'est enfui de Nancy devant les frères Le Petit, devant une condamnation prononcée et devant les menaces judiciaires qui lui étaient encore adressées.

Voilà, Messieurs les jurés, le résultat des jets de pierres dont le maire de Maxéville a porté plainte. (Sensation.)

Ce n'est pas tout cependant, et cette satisfaction ne suffit pas à la justice, et la justice a raison, car si un autre crime a été commis, il faut qu'elle poursuive. Il lui faut d'autres accusés et le baron de Landoville est amené devant vous.

Qu'est-ce que le baron de Landoville? Il faut que je le echerche et vous le dise, non pas dans l'intention que m'a prêtée M. le procureur général et contre laquelle je ne protesterai jamais assez! non, si je raconte sa vie, ce n'est pas pour essayer de vous attendrir, ce n'est pas que je veuille, suivant la belle expression de M. le procureur général, jeter une épée glorieuse dans la balance de la justice: non, j'aurais honte d'une telle pensée, pour lui, pour moi qui n'entends pas de telles capitulations avec ma conscience. Non, les services les plus brillants rendus au pays ne peuvent sauver un coupable! non, l'épée la plus glorieuse ne peut faire pencher la balance de la justice! mais il lui faut bien, à cet homme, un jour de réparation et de vengeance! Il a été si calomnié, non pas par la justice, je me hâte de le dire, mais par l'opinion publique perfidement égarée, on a répandu contre lui tant d'indignités, tant d'infamies que du haut de ce banc, où on l'a amené comme accusé, il a bien le droit, pour se venger, de raconter sa vie. Ne m'écoutez donc pas uniquement pour vous attendrir à mes récits! (Mouvement.)

Il est né à Landau, vers la fin de 1772; il entra au service à 15 ans: à 19 ans à peine, il avait été déjà blessé deux fois, l'une à la prise de Porentruy, sous Custine, l'autre sous Kellermann, près du moulin de Valmy, le 9 brumaire an XI, il commandait un détachement à la tête duquel il enleva une batterie, pour cela, il fut l'objet d'une promotion extraordinaire; presque enfant, il fut nommé capitaine de grenadiers. Il a fait partie de l'armée d'Italie. Il assistait à la bataille de Lodi et fut précipité dans l'Adda sous Gardanne: il fut rapporté avec une grave blessure. Il a assisté à nos campagnes d'Egypte et de Syrie, dans cet orient fabuleux où nos armées ont fait des choses fabuleuses. Là, il a combattu aux Pyramides, au Caire, à Aboukir. Ici permettez-moi de vous raconter un fait que je choisis entre cent. Il s'agissait du salut d'un corps d'armée qui, poursuivi de tous côtés, entouré d'ennemis, voulait rentrer de Syrie en Egypte. Le général Destaing donna à un bataillon l'ordre de se détacher. Les périls étaient grands, les hommes étaient exténués de fatigue. Le bataillon arriva à la première étape indiquée; déjà ils apercevaient le pays sauveur où leur armée devait venir les retrouver. C'était l'espoir, c'était la vie! Tout à coup ce faible débris est entouré d'une armée qui l'attaque et le presse de tous côtés: le chef du détachement se défend avec cœur, avec courage; mais comment résister longtemps? Déjà il se sent entamé, ses hommes tombent à ses côtés. C'est alors qu'une héroïque résolution l'inspire. Il ne lui reste qu'une chance de salut, qu'un seul parti; c'est de se rendre agresseur; se battre jusqu'à ce qu'il meure ou que l'armée arrive à son secours. Il prend un village, s'y loge et l'armée arrive. Il a sauvé 120 hommes! Ah! ceux-là lui en ont gardé une reconnaissance éternelle, et s'il en est parmi eux qui ont survécu, combien leur voix serait plus éloquente que la mienne pour le défendre aujourd'hui, s'ils le savaient attaqué! J'ai là l'adresse qu'ils lui ont envoyée, où ils disent qu'un homme a sauvé 120 hommes. Cet homme, c'était Stieler, et ils le recommandaient à la reconnaissance du pays. Voilà ce qu'il fit, et sur le continent il a continué cette glorieuse carrière militaire que je ne veux pas dire ici; ce serait une trop longue histoire. En mars 1808, il fut nommé colonel du régiment étranger d'Isembourg, à l'armée de Naples. D'infames misérables suscités, je ne sais, je ne veux pas savoir par qui (J'aime mieux voir jeter des pierres contre une maison que des infamies contre un vieux soldat) ces misérables disaient que le général avait dépouillé la caisse de son régiment et qu'il s'était enrichi aux dépens de ses soldats. Je ne veux dire qu'un mot. Voici la lettre que lui écrivait le duc de Feltre:

Paris le 30 août 1810.

Monsieur,

Le général Dupont-Chaumont, en me rendant compte de la revue qu'il a passée du régiment que vous commandez, ne m'a pas laissé ignorer l'état satisfaisant dans lequel il a trouvé ce corps, et il en attribue la cause au zèle que vous y mettez à maintenir l'ordre, la discipline et une bonne administration. Je dois vous en témoigner ma satisfaction particulière, persuadé, comme je le suis, que vous continuerez à surveiller avec le même soin, toutes les parties du service.

Recevez, Monsieur, l'assurance de ma considération,

Le Ministre de la guerre, Duc de Feltre.

Voilà ce qu'écrivait le ministre de la guerre, et je suis porteur d'une adresse signée par tous les officiers du corps, qui lui donnent les témoignages les plus honorables de leur estime et de leur respect.

J'ai là d'autres attestations signées du duc de Dantzick, du duc d'Albufera, du prince d'Esling et de tant d'autres qui tous disent de lui les choses les plus honorables. Faut-il que je vous parle de sa fidélité à son ancien drapeau et au nouveau auquel il avait également promis fidélité ? Faut-il que je vous dise la conduite qu'il a tenue dans une circonstance difficile où il avait promis au maréchal Lefèvre alors en disgrâce de l'avancement pour un de ses parents, et que je vous lise la lettre digne d'attendrissement dans laquelle le vieux général le remercie.

Voilà la carrière de cet homme qui comparaît aujourd'hui devant vous, Messieurs les jurés, et si je la retrace, c'est que le succès de ma cause est infaillible et que je n'ai pas besoin de cela pour l'assurer.

Ce fut lui qui en 1819 se retira près de cette ville, couvert de blessures, après 31 ans de services, et 18 campagnes ; il avait obtenu le grade de maréchal de camp honoraire et le titre de baron de Landoville.

Après vous avoir dit ce qu'il a fait, permettez-moi d'ajouter un mot sur son caractère. Il est né avec l'amour de l'autorité, un caractère ferme, intrépide, inébranlable, absolu ; l'habitude du commandement n'a fait que confirmer chez lui les instincts de la nature. Delà, sont résultées contre lui des inimitiés ; s'il voit une injustice, il s'en indigne ; s'il rencontre un faible, il veut le protéger, non pas qu'il ait un caractère expansif, comme on l'a dit, car il vit dans la retraite, mais parce qu'il a horreur de l'injustice. Ce caractère lui a suscité des ennemis : delà, les calomnies dont je vous ai parlé et dont l'accusation elle-même a fait justice avec une loyauté qui ne m'a pas étonné et dont je la remercie.

Ainsi ont été anéantis tant de bruits infâmes ! Et néanmoins il est resté une calomnie dont il faut que je parle, parce qu'aux yeux du général, elle est plus grave que l'accusation même qui pèse sur lui.

Vous dire les colères, les fureurs que lui cause cette accusation, les orages qu'elle soulève dans son cœur, ce serait chose impossible; vous dire les peines que j'avais à contenir son impatience, au seul mot des calomnies que ces misérables, pardon! c'est son expression, que ces misérables viennent débiter contre lui, cela ne serait pas en mon pouvoir.

C'est ce qui fait qu'à l'ouverture même de ce débat, il voulut s'expliquer immédiatement.

Le reproche qu'on lui adresse est celui-ci : Il n'a pas la religion du serment, car il a cherché de faux témoins.

Vous savez, Messieurs, dans quelles circonstances. La régie avait dressé un procès-verbal constatant une contravention commise dans sa maison. Est-ce là un fait déshonorant? mon Dieu, non! D'abord, personnellement il y était étranger, et puis, dans l'état de nos mœurs il y a de ces capitulations de conscience que je n'excuse pas, que j'indique et qui font que les plus honnêtes gens du monde croient pouvoir sans scrupule frauder la régie. Pour 1200 fr. d'amende, on est donc allé, à son de caisse pour ainsi dire, chercher des témoins. A qui va-t-on? A d'honnêtes gens? oh non! Ceux à qui on s'adresse pour demander un pareil service, on les croit des misérables! Pour moi, je suspecte déjà un homme qui dit : On s'est adressé à moi pour me demander un faux témoignage. Vous m'êtes suspect! car si vous aviez eu une bonne réputation, on ne se serait pas adressé à vous!

Mais en outre il s'agit d'un homme qui jouit de la considération publique, d'un homme qui est fier, absolu, et cet homme ferait une bassesse auprès d'un domestique chassé, il irait lui dire : J'ai besoin de toi, viens m'aider, tu auras de l'argent, c'est-à-dire qu'il irait se mettre à sa merci, après s'être d'abord humilié, de telle sorte que cet homme, à quelques jours de là, viendrait lui dire encore, il me faut 100 francs ou je vous dénonce et je me dénonce moi-même. Oh! Messieurs, je ne veux pas croire à un pareil fait.

Cependant cinq témoins en déposent, sous la foi du serment et vous le savez, l'un d'eux a persisté malgré mes avis. Quels sont donc ces témoins?

Le premier, c'est Thomas. Qui, Thomas? un domestique chassé pour avoir abusé de la confiance de son maître! Comment, mais il est voleur! il vole du bois et il est réduit à faire l'aveu de son méfait devant la justice..... oh! qu'il se taise et qu'il reste au fond de la salle,... et il balbutie devant vous : Oui, je vole, parce que tout le monde volait... misérable! Quelle garantie avez vous sur la parole d'un tel homme? Et en honneur! je ne puis adopter l'argument de M. le procureur général qui vous a dit : Il peut être malhonnête comme bûcheron et être honnête ailleurs... Oh! non, je n'entends pas cela et vous ne l'entendez pas non plus, MM. les jurés.

Le second témoin, c'est Galland : celui-là n'est pas un domestique renvoyé, j'en conviens, il a même été propriétaire d'un établissement.... je ne sais si cet établissement était inscrit à la police, mais à coup sûr, il méritait bien d'y être. Il est en réputation auprès des soldats et des ouvriers qui le fréquentaient, *on le nommait le bosquet*. (On rit.) Je demande la permission de ne pas m'expliquer davantage.

Eh bien, cet honnête témoin dit : On m'a fait venir, et, en présence de M. Florentin, on m'a proposé de faire un faux serment. — Comment! en 1837, M. Florentin venait d'être nommé maire de Maxéville, et je ferai remarquer à ce propos, qu'il ne pouvait pas encore y avoir d'intimité entre le nouveau maire et le baron de Landoville, et cependant ce serait en sa présence qu'aurait été proposé un pareil marché d'infamie.

Que dirai-je de Robert, le troisième témoin? Celui-là est un ancien domestique de M. Le Petit : ce n'est pas un domestique chassé, celui-là; il est resté dans les meilleures relations avec ses maîtres; aussi est-il lié avec tous leurs gens et de tous leurs gens à eux, il n'y a que la main, comme vous le savez. (Nouveaux rires.)

Mais Robert est soupçonné aussi d'avoir jeté des pierres : nous avons le procès-verbal du brigadier de gendarmerie qui le déclare : il établit même deux choses importantes : la première, c'est qu'il a vu des pierres tomber dans la cuisine, ce qui prouve déjà que l'on jetait des pierres; la seconde, qu'il a couru vers l'endroit d'où la pierre était partie, et qu'il a trouvé là Robert tout seul : on avait nié qu'on pût, de cet endroit, jeter des pierres dans la cuisine; mais le brigadier dit qu'il l'a vu. Robert est donc un ancien domestique de MM. Le Petit, véhémentement et très-justement soupçonné d'avoir jeté des pierres.

Il reste un autre témoin, c'est Jean Quinel. Jean Quinel a été au service du baron Landoville, qui l'a chassé, et j'ai là contre lui une preuve que personne ne pourra récuser. C'est un journal des travaux de la maison du baron, tenu avec une exactitude merveilleuse, et qui constate que le jour où le procès-verbal de la régie a été dressé, Quinel était allé du Sauvoy au Jolibois, à quatre lieues de là, et qu'il y était resté plusieurs jours à exécuter des travaux de treillage, de sorte que Jean Quinel se trouve pris en flagrant délit de faux témoignage.

Mais ce n'est pas encore tout. Quinel dit avoir été à Paris, au service d'un homme qui aurait été général de la division dans laquelle a servi M. le baron de Landoville, de M. le général de Montmarie, dont nous connaissons tous le nom, et dont nous estimons le caractère. Or, M. de Montmarie lui a dit : Ce Landoville est une grande canaille, un grand fripon et un grand vaurien !

Vous comprenez ce qu'un pareil témoignage avait de vraiment grave. Eh bien ! j'en ai appelé aux souvenirs de cet homme ; je lui ai fait comprendre ce que c'était que la religion du serment, et il a répondu : Je suis sûr de ce que je dis ; il me l'a répété plus de vingt fois. Mais si cela n'est pas vrai, si cet homme en a menti effrontément, que direz-vous, Messieurs les jurés, si ce n'est que cet homme est un faux témoin.

Eh bien, voici une lettre de M. le général de Montmarie, du 30 mars 1843.

Paris, le 30 mars 1843.

Monsieur,

Par votre lettre que je n'ai reçue qu'hier, vous m'en transmettez une autre, à vous, adressée de Nancy, relativement à un procès que l'on fait à M. le baron de Landoville, dans lequel des témoins ont été entendus, et l'un d'eux, nommé Quinel, jardinier, âgé de 68 ans, doit avoir déposé : « *J'entrai au printemps 1839, à Paris, au service du » général Montmarie qui, au nom du baron de Landoville, me » dit que je sortais de chez une grande canaille, un grand fri- » pon, un grand vaurien.* »

On désire savoir si j'ai tenu semblable propos. Je m'empresse de vous répondre :

1° Que je ne connais pas M. de Landoville;

2° Que je ne crois point avoir eu à mon service un homme du nom de Quinel;

3° Que je n'ai point de jardin à Paris;

4° Que pour celui que j'ai à ma terre proche Paris, je ne prends jamais un vieillard;

5° Que si ce Quinel avait été à mon service il n'y serait resté que peu de jours, puisque ce nom ne peut revenir à ma mémoire;

6° Et enfin, et vous pouvez en être bien certain, c'est que je ne me permets de propos sur le compte de qui que ce soit, à plus forte raison de personnes que je n'ai pas l'honneur de connaître et surtout avec mes domestiques.

Voilà, Monsieur, la réponse que je vous prie d'adresser à votre correspondant, et de recevoir l'assurance de ma parfaite considération.

Comte de Montmarie,
Lieutenant-général.

Eh bien! MM. les jurés, voilà les témoins que l'on a invoqués contre nous et à l'aide desquels l'accusation a introduit un procès qu'elle sentait insoutenable. Les preuves qu'elle invoquait lui manquent, et je dis maintenant à l'accusation : Puisque vous avez le bras levé, il s'agit de savoir sur qui retombera votre bras. Et ne m'est-il pas permis de ressentir une indignation profonde, quand je vois un témoin, à qui je dis : Prenez garde, Dieu vous écoute, il vous entend, il vous voit, persister vingt fois dans un odieux mensonge, salissant ainsi l'accusé et le général dont il emprunte le nom honorable pour le mêler à une fable indigne. Allez maintenant, misérable! domestique chassé! vengez-vous de cet homme qui était votre supérieur; baissez-vous, prenez à pleines mains la boue dans laquelle vous marchez pour la jeter à la face de votre ancien maître; on l'a fait asseoir sur ce banc! mais prenez garde à votre tour; car la justice ne s'arrêtera peut-être pas et en présence d'un faux témoignage, ne faudra-t-il pas qu'elle remplisse un nouveau devoir? (Profonde sensation.)

Voilà, Messieurs les jurés, ce que c'est que le général de Landoville que l'on vous présente comme coupable de faux témoignage! Et maintenant que j'en ai fini et que je vous ai dit qui il était, faut-il que j'examine ceux qui l'entourent.

Il en est un dont la défense m'est également confiée, il en est un dont je n'ai pas encore dit le nom et dont je ne le dirai plus une fois que je l'aurai prononcé, imitant en cela l'exemple que m'a donné M. le Procureur général C'est le frère utérin du baron de Landoville, c'est Grether. Grether aussi est un homme honorable dont la carrière a été plus modeste que celle du général; après avoir servi quatre ans dans les états majors de nos armées, il a quitté le service pour continuer le commerce qu'il avait fait avant son entrée au service. Après l'avoir exercé pendant vingt ans avec honneur, il a obtenu toutes ces distinctions municipales qui constituent une sorte de noblesse bourgeoise et s'est retiré auprès de son frère; voilà tout ce que j'ai à dire de lui, maintenant je n'en dirai plus un seul mot.

Quant aux autres, je ne suis pas chargé de les défendre et j'avoue que j'en suis heureux, quand je songe au mélange de tous les rangs qu'ils occupent dans le monde, à cette espèce d'amalgame étrange de ceux qu'on a fait asseoir sur la même sellette. Et l'accusation triomphe...!

Voilà, vous dit-elle, voilà l'égalité devant la loi! Oui, l'égalité devant la loi, c'est la première et la plus noble de nos garanties et je la comprends, quand elle s'adresse au pauvre et au riche, quand elle doit soumettre au même niveau le faible et le fort! Mais vous, qu'avez-vous fait? A côté d'un vieux général de 71 ans, accablé de blessures, vous avez placé une vieille servante qui, permettez-moi de le dire, mériterait des couronnes et des récompenses; une de ces femmes des anciens temps qui a conservé le sentiment si rare aujourd'hui de la famille, un de ces vieux serviteurs qui s'attachent à la fortune de leurs maîtres, qui se livrent à eux corps et âme tout entiers. A côté d'eux un enfant de 17 ans par l'âge, mais qui en a moins encore par l'apparence; une jeune fille dont vous êtes obligé de dire que l'intelligence touche les limites de l'idiotisme, et plus loin, profanation! qui m'inspire un sentiment non pas d'indignation, je n'ose pas me servir de ce mot, mais un sentiment de douloureuse pitié, un fou, chassé du service militaire pour cause de folie, un fou, renvoyé mal guéri d'une maison d'aliénés, et qui n'aurait jamais dû en sortir!

Voilà votre égalité devant la loi! elle confond non pas tous les rangs, mais tous les degrés de la raison humaine!

Oh ! ne dites pas que c'est là l'égalité devant la loi : je n'y vois moi que la profanation de la justice. (Mouvement.)

Autrefois, sous une législation ancienne, qui pourrait encore nous servir de modèle, les êtres privés de raison semblaient couverts d'un privilége sacré ; on avait créé, pour les désigner, un mot touchant : ils avaient été visités de Dieu ! Ils étaient comme les privilégiés du Seigneur, qu'il fallait entourer de soins et d'égards, pour les consoler de la perte du plus grand bien dont l'homme puisse jouir, de la raison. Et vous, vous les conduisez sur les bancs de la cour d'assises. Ils en sortiront vainqueurs, vous l'avez dit vous même, mais encore une fois, qu'avez-vous fait ? Cette lueur de raison qui leur restait encore comme un flambeau vacillant, vous l'avez jetée dans ces luttes de l'audience, vous l'avez exposée aux émotions et aux secousses meurtrières de ces débats !

Gémissez-en au moins comme nous, et que ce spectacle serve de leçon à tous.

M. le procureur général. Permettez-nous, Me Chaix, tout en admirant la beauté du mouvement oratoire que nous venons d'entendre, de vous faire remarquer que le ministère public lui-même avait requis que Grand-Colas ne fût pas mis en accusation. C'est alors à la chambre d'accusation que s'adresseraient vos réflexions ! Si je rappelle ce fait, ce n'est pas pour avoir l'air de rejeter la responsabilité sur personne, mais c'est parce que c'est un fait connu.

Me Chaix-d'Est-Ange. Je m'empresse de reconnaître et de déclarer que l'observation est vraie, je le savais, mais il m'était difficile de faire une distinction trop délicate ; M. le procureur général comprendra la difficulté de ma position : il n'était pas facile de dire que le procureur général lui-même, celui qui est chargé de requérir les poursuites, avait conclu à ce qu'ils ne fussent pas mis en jugement, et que cependant ils avaient été compris dans l'accusation. Aussi me suis-je servi d'une formule générale et j'ai dit : On les a mis en jugement.

Maintenant, MM. les jurés, après cette introduction au procès, j'arrive à discuter, non pas les charges, il n'y en a pas, mais les preuves sur lesquelles repose la justification de mes clients.

M. le procureur général a établi trois points avec un grand talent, une clarté parfaite, une modération et une élévation de langage auxquels tout le monde a rendu justice.

1° MM. Le Petit n'ont pas jeté de pierres.
2° M. Florentin s'est jeté des pierres.
3° M. le baron de Landoville est un faux témoin.

Je suivrai la même marche que M. le procureur général, et cependant, dès l'abord, j'éprouve un immense embarras que tout le monde a déjà signalé. On me dit : Comment pouvez-vous soutenir que MM. Le Petit ont jeté des pierres? Un arrêt de la cour royale de Nancy a déclaré qu'ils n'en avaient pas jeté, comment pourrez-vous soutenir le contraire devant le jury?

M. le procureur général : Vous ne le pouvez pas!

Me Chaix-d'Est-Ange : Pardon M. le procureur général, mais c'est une des nécessités de ma cause. Grâce au ciel, il faut respecter l'indépendance de toutes les juridictions. Vous devez, comme moi, MM. les jurés, respecter l'arrêt de la Cour. Florentin a été condamné par elle, c'est une affaire finie et vous n'êtes pas compétents pour l'absoudre. Oh! si vous l'étiez!... mais vous ne l'êtes pas! C'est fini, c'est un homme perdu, il a abandonné ses biens, sa famille, son pays! C'est un malheur sans remède! Mais vous, MM. les jurés, vous avez aussi une juridiction indépendante et qui ne relève d'aucune autre, et je viens plaider devant vous que les frères Le Petit ont jeté des pierres contre la maison Florentin et qu'ils en ont jeté constamment.

Cependant on a cherché à établir qu'il y avait à ce fait une impossibilité morale. Et en effet, cela ne peut-être, me disait-on. Cela peut paraître une espièglerie, et passez-moi le mot, le fait d'un polisson qui jette des pierres en passant; mais voyez qui vous accusez, me dit-on, songez que ce sont des hommes qui ont reçu une bonne éducation, qui occupent une position dans le monde, qui ont de bonnes manières..... De bonnes manières! Oh! si j'avais pu y songer avant le procès, je n'y peux plus croire maintenant. Quand on me disait : Ce sont des Nobles, ils sont posés dans le monde, je m'attendais à voir des hommes de bonne compagnie : et le premier qui a été entendu, vous vous le rappelez, MM. les jurés, m'a ôté toute illusion et quand il a dit qu'il ne voulait pas!... s'engueuler, il faut bien que je répète le mot, avec une servante, cela m'a suffi. Mais quelque chose m'a achevé; je vous demande la permission de vous le raconter. Hier, voulant m'éclairer sur la position des maisons des frères Le Petit et des Florentin, je suis allé à Maxéville, je n'étais pas seul. J'y allais avec l'honorable avocat qui veut bien m'assister et deux autres personnes nous accompagnaient : j'ai vu sur la route, un homme... non, je ne peux pas vous dire dans quel costume; lui, ses valets, sa servante nous disaient des torrents d'injures. Nous ne lui disions rien... Ce qu'il a dit, ce qu'il a fait, je ne l'ai pas entendu, je ne l'ai pas vu, fi donc! J'ai demandé qui c'était, on m'a dit que c'était M. Gustave Le Petit. Il nous faisait une si indigne scène que nos crocheteurs de Paris, que vos portefaix de Nancy en auraient rougi; au point que ses valets eux-mêmes furent obligés de chercher à le calmer. Et on vient plaider l'impossibilité morale! Oh! je vous assure que l'homme qui nous a poursuivis de telles injures était bien capable de jeter des pierres: j'avoue même que j'ai cru voir le moment où il nous en jetterait aussi! (On rit.)

Il y avait en outre une impossibilité matérielle, mais celle-là, on en a fait justice et des procès-verbaux autenthiques ont établi la possibilité de jeter des pierres.

Maintenant je viens au fait lui-même et je me demande: MM. Le Petit ont-ils jeté des pierres? mais comment en douter quand je vois toute la famille Florentin plongée dans un état de tristesse, d'abattement, de découragement absolu, la femme continuellement en larmes, le mari au désespoir et qui veut donner sa démission! Et je me dis : Il est évident qu'on leur jetait des pierres et que tout cela ne peut être simulé, surtout quand je me rappelle cette scène où la servante des Florentin vint accuser M. Le Petit qui était devant sa porte de leur jeter des pierres et que celui-ci tourna le dos en prononçant ce mot que je ne veux pas répéter... et il n'y avait personne sur la route qui pût rapporter l'accusation. Y a-t-il donc là une simulation.

Ce n'est pas tout! La colère et la tristesse de ces malheureux ont été portées si loin, que M. l'avocat général s'en faisait une arme contre eux, en vous rappelant ce mot de Mme. Florentin qui disait : Nous les ferons condamner aux galères. Je dis qu'une femme qui parle ainsi a l'esprit troublé par la douleur, car si elle y réfléchissait elle saurait qu'on ne va pas aux galères pour avoir jeté des pierres, quoique pourtant, je n'en sais trop rien, car enfin (le procès actuel en serait la preuve), on risque bien d'y aller pour n'en avoir pas jeté. (On rit.)

Voyez donc d'ailleurs ce que disent les témoins à charge eux-mêmes. Ecoutez Genot, Parisot! Martin Marc lui-même l'a reconnu; il a vu une pierre arriver à la grille de la maison Florentin, elle sortait du jardin de M. Le Petit. Qui l'avait jetée? est-ce M. Le Petit ou un ouvrier qui aurait voulu en débarrasser le jardin; mais qui croit cela? On ne jette pas de pierres par dessus un mur pour débarrasser un jardin, elle pourrait blesser quelqu'un; je l'admettrai même si l'on veut, la pierre tombera alors au pied du mur. Mais non, elle franchit la route et va tomber à douze mètres! Encore une fois, c'est impossible. Aussi a-t-on dit à Martin Marc: Vous étiez mon vigneron, vous ne le serez plus. Ah! voilà ce qu'on gagne à dire la vérité.

Si nous prenons maintenant les dépositions des témoins à décharge, nous y trouvons des preuves décisives, plus claires que le jour et contre lesquelles toute votre éloquence ne pourra rien. Le 27 mai, Mourquin, couvreur et deux de ses ouvriers sont là, on jette des pierres, Mourquin est convaincu qu'elles viennent de la basse-cour, il prend une échelle, y monte et ne voit personne. Et cependant personne n'était absent de la maison Florentin.

Mlle Patin, la fille du juge de paix, vient voir Mme Florentin, elles entrent dans le jardin. Mme Florentin chante et une pierre vient tomber à leurs pieds; la femme Marotte en reçoit une autre. Mlle Patin se retourne pour partir, une troisième pierre arrive derrière elle et roule à ses pieds, elle était arrivée au-dessus de cette statue que j'avais cru être celle de Mercure, parce qu'il y avait un caducée brisé à ses pieds, mais qui est celle d'un autre Dieu que je n'ai pas l'honneur de connaître. (On rit.)

Le 28 juillet au matin, Mlle Germain, une jeune personne dont nul ne soupçonnera le témoignage, va chez les époux Florentin; personne n'est levé : en attendant elle va au jardin, entend causer derrière un mur et puis des pierres arrivent, venant de la cour de M. African Le Petit. Y a-t-il là un doute possible?

Mais voici qui est plus important encore et plus décisif. Le 30 juin, M. Chardard et M. Bachot déjeunent chez M. Florentin, une pierre vient frapper la persienne de la salle à manger, à l'instant on s'élance, on ouvre et l'on voit.... M. Alphonse Le Petit. Il n'y a pas là d'équivoque possible : il ne s'agit pas de tirailler une affaire par les cheveux. Il n'y a personne sur la route, ni à droite ni à gauche, et en face, il y a un homme interdit, qui se baisse, qui cherche à se dérober aux yeux et qui va chercher un refuge dans son jardin, derrière un arbre. Les témoins qui vous disent cela, sont-ils dignes de foi? vous êtes obligés d'en convenir. M. Alphonse Le Petit est donc surpris en flagrant délit d'avoir jeté des pierres.

Et plus tard encore, quand les Florentin sont en fuite, quand il ne reste plus dans la maison qu'une vieille servante qui n'a pas encore été arrêtée; le témoin Silbermann vient pour acheter le cheval, il entre dans la cuisine, une pierre tombe dans la cour, une seconde arrive dans la cuisine, et l'on a dit que cela ne se pouvait pas! Il faut donc mettre Silbermann en accusation, car il a dit que la pierre avait couronné le toit, et cependant il ne voyait pas Robert qui était derrière.

Et Catherine Moye! elle a vu sortir une pierre d'un fourré d'arbres du jardin Le Petit; elle en dépose : mais voyez son scrupule! Une autre pierre arrive, et elle déclare qu'elle ne sait d'où elle est venue.

Et Félix André! Auguste Messier; d'autres encore sont tout aussi affirmatifs sur ce fait. Est-ce assez? Je sais bien que l'accusation ne veut pas les entendre et se contente de dire : Mais les Florentin se sont jeté des pierres! Les témoins à décharge sont bons à entendre pourtant, et il ne faut pas les traiter si cavalièrement.

Félix André, par exemple, a vu jeter une poignée de pierres; il a poursuivi le domestique de M. Le Petit, qui les avait jetées, et ne pouvant le saisir, il a ramassé son chapeau qu'il avait laissé tomber et l'a porté au greffe, où il n'a jamais été réclamé. Je sais bien que M. Le Petit, du fond de la salle d'audience, nous a lancé pour objection, que ce n'était pas son domestique, mais un orphelin recueilli par son frère. Eh! qu'est-ce que cela me fait? domestique ou orphelin, la preuve est la même.

Ainsi, il faut discuter ces témoignages, parce que ce sont ceux de gens honorables : nous ne vous amenons pas des Jean Quinel, nous! ce sont des hommes honorables, qui tous vous disent qu'ils ont vu des pierres sortir de la maison de M. Le Petit, et si l'on avait bien pressé M. Le Petit lui-même dans l'origine, il aurait fini par en convenir. Aujourd'hui, il ne le peut plus, il est trop engagé. Rappelez-vous, Messieurs, ce qu'a déposé le brigadier de gendarmerie. Faisant route avec M. Alphonse Le Petit, il lui a dit : « Ecoutez donc, il y a bien quelque chose. Convenez bien que vous avez aussi jeté des pierres. » Et qu'a dit M. Le Petit? S'est-il indigné ? Non, il a souri ! et le brigadier s'est dit avec beaucoup de sens : « Il en convient. » Ah ! s'il eût trouvé l'accusation injuste, il se serait indigné ; mais non, en présence du brigadier, il ne nie pas, et, à l'audience, il emprunte le mot qui lui a été fourni par M. le procureur général dans son exposé : S'il ne s'est pas levé pour réclamer, c'est par respect pour la justice ! Ah ! c'est une dérision ! Et quant à moi, je le déclare, si quelqu'un m'accusait injustement, malgré tout le respect que je professe plus que personne pour la justice, je me lèverais, et je lui dirais : menteur.

Rien ne peut donc expliquer le silence de M. Le Petit, sinon la conscience de sa culpabilité, et vous aurez beau dire que la conviction où je suis, qu'il a jeté des pierres, est en contradiction avec l'arrêt de la cour, rien ne peut m'ôter cette conviction qui repose sur l'évidence.

Mais il est une autre chose aussi évidente, c'est celle qui fait l'objet de la deuxième partie du réquisitoire de M. le procureur général. Les Florentin se sont jeté eux-mêmes des pierres, et M. le procureur général de dire : Cela me suffit. Oh ! non, permettez. Il ajoute encore : Dire que les Florentin se sont jeté des pierres et que les Le Petit en ont jeté aussi, c'est une absurdité qui ne mérite pas de refutation. Je vous en demande pardon, M. le procureur général, mais le brigadier de gendarmerie me semble un homme de fort bon sens, et il a dit précisément cela.

Et je vais vous dire pourquoi ce n'est point une absurdité.

Florentin désolé de ne pouvoir prendre sur le fait les Le Petit qui lui jetaient des pierres, ne savait quel parti adoptés. Florentin, je demande pardon d'être forcé de le dire, mais Florentin était bête, et, dans son désespoir de ne pouvoir fournir de preuves contre ses adversaires, s'est dit : Je vais m'en faire des preuves, et alors, par suite d'une capitulation de conscience, mauvaise, je me hâte de le dire, blâmable, mais naturelle chez un homme aussi ignorant, a pu dire : Au moins la vérité sera connue. Et il s'est jeté des pierres. Combien de fois ? Je n'en sais rien, mais est-ce aussi souvent que vous le dites ? Je n'en crois pas un mot.

Ainsi quand le témoin Lebel, celui qui volait du bois avec Thomas, dépose qu'un jour il travaillait sur la terrasse en face de la grille avec quatre ouvriers, et qu'on lui a jeté une pierre de la maison Florentin ; je vous déclare que je ne crois pas un mot de ce qu'il dit. Je ne sais pas d'abord s'il est possible de passer, dans le faible intervalle d'une persienne presque fermée, la main armée d'une pierre, mais à coup sûr, il serait impossible de faire le mouvement nécessaire pour lancer la pierre à distance. J'ai reconnu le bras, dit Lebel, c'était M. Florentin ; mais il y avait là quatre ouvriers qui pouvaient le voir comme lui, et pas un ne l'a vu. Quoi qu'il en soit, il a reçu la pierre et il n'a pas *tramoussé,* c'est son expression, il n'a rien dit, il s'est retourné, il a regardé, et alors le bras a lancé une autre pierre. Ceci, MM., est le comble de l'absurdité, et je n'ose débattre sérieusement une pareille déposition, mais j'en appelle à l'attention loyale de ceux qui nous accusent. Florentin était absurde, je le sais, mais il devait bien penser que celui à qui il avait jeté une première pierre allait se retourner, non! Lebel soutient qu'il en a jeté une seconde et qu'il a reconnu son bras à la finesse du drap de l'habit. — Eh bien, je ne crois pas ce qu'il dit, et quand j'accorde à l'accusation que Florentin s'est jeté des pierres, je ne compte pas la déposition de Lebel.

Je n'admets pas davantage l'allégation de ceux qui prétendent que Grand-Colas allait pour jeter des pierres dans le jardin de son maître, quand il a été surpris franchissant le mur du jardin de Florentin. Cela est absurde, car on l'observait et il le savait. Il allait voir tout simplement si on leur jetterait des pierres, voilà tout. Le contraire n'est ni vrai, ni vraisemblable.

La seule chose trop malheureusement vraie, c'est que le 10 décembre, Florentin a été saisi embusqué derrière son mur, ayant encore à la main des pierres qu'il voulait jeter dans son jardin. Mais s'il en résulte que Florentin s'est jeté des pierres, je crois avoir suffisamment établi que les Le Petit lui en ont également jeté.

Reste maintenant un troisième point dont je vais m'occuper. M. le baron de Landoville et son frère, dit l'accusation, en déclarant qu'ils ont vu M. Alphonse Le Petit jeter des pierres, ont fait un faux témoignage !

Il y a dans tout procès une première question qui est capitale, que vous devez vous faire, Messieurs les jurés, que l'accusation elle-même doit s'adresser avant de poursuivre un homme. Nous avons à juger un homme pour avoir commis un crime. Pourquoi l'a-t-il fait? Car encore faut-il bien à un homme qui occupe une certaine position dans le monde une raison puissante pour se mettre, pour ainsi dire, hors la loi, et pour encourir les peines qu'elle prononce. Ainsi, prenons pour exemple le vieux général qui siége sur ce banc, à 71 ans, à la fin d'une carrière toujours honorable, vous dites qu'il a bravé l'autorité des lois et qu'il a commis un crime. Mais il faut avant tout rechercher pourquoi il a commis ce crime. S'il n'avait pas d'intérêt à le commettre, il ne peut pas l'avoir commis. C'est là la question que j'adressais à M. le procureur général en lui disant: Vous accusez le baron de Landoville, mais pourquoi se serait-il rendu coupable, et M. le procureur général me répond : Je n'en sais rien, je ne suis pas chargé de l'expliquer. Oh! mais permettez donc, cela n'est pas possible. Dire à un homme : Vous avez commis un empoisonnement, vous avez démoli une maison : je ne sais pas pourquoi vous l'auriez fait, mais c'est égal, je veux qu'on vous condamne. Ce serait dire une chose qui manque complétement de sens; car M. le procureur général a bien compris qu'il ne pouvait plus insister sur ce point que le général était intimement lié avec les Florentin et que c'était pour cela qu'il avait pu consentir à se déshonorer pour eux.

D'abord la liaison n'est pas probable. Le général vivait presque seul, il frayait peu avec les habitants de Maxéville, il faisait difficilement des visites, il ne rendait pas toutes celles qu'on lui faisait, enfin il n'était pas expansif, et s'il avait eu quelque liaison à former, ce n'eût pas été avec les Florentin, mais bien plutôt avec les frères Le Petit, surtout à cause de son ancienne liaison avec leur père.

Et d'ailleurs, la preuve de ceci, je la trouve dans la déclaration même d'un des frères Le Petit, celui qui s'est le mieux expliqué à cette audience et que nous aurions certainement pu rencontrer hier sans redouter une scène. Il vous a dit qu'avant le mois de mai, il n'y avait pas eu entre le général et M. Florentin une grande intimité. Ce n'est pas par suite de cette intimité aveugle qu'on vous a signalée que le crime aurait été commis : le crime reste donc inexplicable.

Ceci admis, la première question demeure sans réponse,

Voyons donc maintenant si l'accusation a quelque valeur, si elle peut s'appuyer sur quelque preuve. Je ne parle pas de la scène du 5 décembre, parce que M. le procureur général n'en a pas parlé.

J'arrive à la scène du 17 juillet.

Le général, du lieu où il était placé, a-t-il pu voir M. Le Petit dans son jardin jetant des pierres dans celui de M. Florentin? Oui, sans aucun doute ; toutes les vérifications faites l'ont démontré, aussi M. le procureur général, M. le président l'ont-ils reconnu et l'honorable avocat lui-même qui assistait M. Le Petit devant la Chambre correctionnelle a-t-il loyalement déclaré qu'en lui faisant soutenir le contraire, on l'avait trompé.

Les faits ont donc pu se passer comme l'indique le général, et il a pu voir non-seulement avec une lorgnette, mais encore sans lorgnette; les expériences l'ont démontré de même.

Mais il ne pouvait le voir ce jour là a-t-on ajouté, et ici, Messieurs, je veux aller rapidement.

En effet, il a dit que c'était un dimanche, le 17 juillet, dans la soirée, sans pouvoir préciser l'heure! Or, ce jour là, M. Le Petit avait du monde à dîner chez lui, il s'est mis à table à quatre heures, l'a quittée à sept heures, a fait quelques pas dans son jardin avec ses convives qui ne l'ont pas laissé seul un instant et qui peuvent l'affirmer.

Ainsi, la déclaration du général n'est pas vraie, donc, il est un faux témoin.

Les témoins Colas et Mayer qui disent cela sont-ils de faux témoins? A Dieu ne plaise que je le dise, mais devons-nous les croire? Oh! ceci est autre chose. Je le demande en toute confiance, est-il un homme, si honorable qu'il soit, qui puisse affirmer ceci : Il y a huit mois, j'ai dîné chez telle personne; le dîner a duré trois heures; à la campagne où on ne se gêne pas, le maître de la maison n'a pas quitté la table une minute et je ne l'ai pas perdu de vue; est-il un homme qui puisse tenir un pareil langage? Non, sans doute, vous n'êtes pas de faux témoins, MM. Colas et Mayer, ce que vous déposez, vous le croyez, mais je dis que vous êtes bien téméraires et qu'en descendant au fond de votre conscience, comme un honnête témoin doit le faire, vous devez dire : Je ne peux pas avoir une certitude, il est possible que M. Le Petit ait quitté la table une minute; un maître de maison peut avoir tant de raisons pour s'absenter.

Quant à moi, je le déclare ici, sur mon honneur et ma conscience, si l'on me disait : Vous avez dîné, il y a un mois, dans telle maison, dans telle circonstance, êtes vous sûr que le maître de la maison ait quitté la table pendant le dîner ; je jure qu'il me serait impossible de dire une chose pareille, même après un mois, même après quinze jours. Comment donc oserait-on l'affirmer au bout de sept mois.

Voyez, dans ce procès même, un exemple du danger de telles affirmations. Le docteur Bonfils que vous avez entendu comme témoin est un homme de science et de probité. On lui dit : Vous avez déposé de tel fait ; — Non, dit-il, je n'ai pas déposé ; — Voilà votre déposition ! — Mais non ; — Mais vous l'avez signée ; — Mais non ! — et on lui lit sa déposition ; et on lui montre sa signature. Et cependant il n'y a pas sept mois de cela. Il ne s'agit pas d'un fait fugitif et léger ; il s'agit d'une déposition faite devant un magistrat, avec toute la solennité de la justice, d'un de ces faits enfin qui restent dans la mémoire ! Et le docteur est un homme grave et qui a de la mémoire comme tout le monde. Mais que voulez-vous, voilà la vie ; elle est chargée de tant de choses qu'il en faut bien oublier quelques-unes ! mais les mouches qui volent, mais les amis qui s'absentent une minute, mais les choses frivoles, les témoins ne peuvent en répondre avec certitude.

Ainsi qu'on veuille prouver l'alibi de M. Le Petit et démontrer l'impossibilité pour le général de l'avoir vu jeter une pierre, parce qu'il dînait ce jour-là avec MM. Colas et Mayer, évidemment, la preuve manque. Car enfin, supposez que MM. Le Petit jetassent des pierres, comme je crois qu'ils l'ont fait, il fallait bien qu'ils prissent quelques précautions. Et quoi de plus simple que de s'absenter un instant, une minute, jeter une pierre en toute sécurité et rentrer se mettre à table ! Où trouver une preuve possible du contraire, j'en appelle à la conscience de M. le procureur général lui-même et à l'expérience de tous ceux qui m'écoutent.

Mais il y a autre chose. Je veux bien supposer pourtant ce fait établi au profit de l'accusation. Bien ! il n'a pas jeté de pierres le 17 juillet ; mais il faut encore que vous prouviez que le général est un faux témoin, car il a pu se tromper, tant d'autres se sont trompés dans cette affaire ! il a pu se tromper, même sur la date.

Non, dites-vous, car il a précisé la date, il dit que c'est le 17 juillet ! Oh non, je ne puis vous accorder cela : il vous a dit qu'il ne savait pas la date : il serait bien téméraire s'il parlait autrement : il a été atteint dans sa vie de tant de blessures qu'il a failli être réformé par suite d'une affection cérébrale (j'en ai les preuves dans les mains,) qui tout en lui laissant entière la vigueur de son esprit, avait cependant affecté sa mémoire.

C'est son frère Grether qui vous a dit cette date : c'était, croit-il, la veille du jour où il avait retenu pour le général une place aux berlines nancéiennes ; or la place a été retenue le 18, donc ce doit être le 17. Et le général vous a dit : Si l'on me prouve que ce n'est pas le 17, je croirai que je me suis trompé, ou plutôt que mon frère s'est trompé sur la date, car c'est lui qui m'a rappelé cela. Il était impossible de mieux répondre. La date, ce n'est pas lui qui l'indique, c'est son frère, un homme de 65 ans qui peut se tromper (le docteur Bonfils a fait bien pis !). Or si son frère s'est trompé, toute l'accusation tombe.

Mais ce n'est pas tout : il ne suffit pas de prouver que le jour indiqué, M. Le Petit a été gardé à vue, ce qu'on ne prouve pas, il faudrait prouver que c'est du 17 juillet que le général a parlé. Or, pour lui, c'est là un souvenir confus, sur lequel lui et son frère peuvent se tromper. Et l'erreur est bien possible à une distance si éloignée.

Aussi vous le voyez, Messieurs les jurés, j'ai prouvé que MM. Le Petit avaient jeté des pierres et qu'il était impossible à l'accusation d'établir que, le 17 juillet, M. Alphonse Le Petit n'en avait pas jeté, et c'est pourtant ce qu'elle aurait dû faire.

Mais, dans le doute où elle est, l'accusation se rattache à une preuve morale. Depuis le mois de juillet jusqu'au mois de décembre, le général n'a rien dit. Or, il est impossible de croire que s'il avait vu le 17 juillet une scène aussi décisive, il ne l'eût pas proclamé hautement ! Je vous en demande bien pardon, et, sur ce point moral, j'en appelle à la conscience de tous les hommes qui ne se conduisent pas en étourdis, mais qui agissent froidement et avec réflexion.

Il y avait deux partis à prendre, il fallait crier : Les frères Le Petit sont des misérables, aller à eux, et leur dire : je vous confonds ; mais vous voyez les conséquences de ce parti extrême, c'était prendre parti pour les Florentin, c'était se faire leur champion, et quand, à un homme qui a porté une épée, qui porte encore une décoration sur la poitrine, on va dire de ces choses-là ; le moins qui vous en puisse advenir, c'est un démenti. Le général n'était pas homme à le supporter. A soixante-onze ans, il se rappelle qu'il a porté une épée ; il sait qu'il en a encore une vieille pendue au chevet de son lit, et si un homme venait lui dire : Vous êtes un menteur, il n'irait pas demander à M. le procureur général cette permission, dont on a parlé dans la cause, demande tout au moins singulière ; et il se ferait justice à lui-même. Voilà ce qui serait arrivé ! et c'était si bien sa pensée que, dans cette visite que lui fit M. le curé de Maxéville, l'ami intime, très-intime de Messieurs Le Petit, lorsqu'il rapporta cette parole si mal interprétée par le général, quand il lui dit que Florentin avait parlé de brûler la cervelle à quelqu'un, le général, préoccupé de l'idée d'un duel, répondit : S'il s'agit de Florentin, c'est ridicule ; mais s'il s'agit de moi, c'est mon métier, et je suis à la disposition de M. Le Petit.

Vous le voyez, il avait mesuré les conséquences de sa conduite : s'il avait dit un mot, c'était un démenti, et, à la suite, un défi et un duel. Il a donc fait une chose prudente et dont je comprends l'avantage, en gardant le silence.

Il ne l'a pas toujours gardé cependant, car M. Schmidt, le pasteur protestant dont vous vous rappelez encore la sage déposition, vous a dit avoir entendu dire au général et à son frère : « il y a des choses graves là dessous, il y a un mystère qui s'éclaircira, » faisant ainsi allusion à leur propre témoignage.

Et enfin, je vous rappellerai, pour terminer sur ce point, la déposition du témoin Rose qui n'a pas été attaquée et dont personne ne suspecte la sincérité. Il racontait au général la scène du 10 décembre et ajoutait : J'ai reçu une citation comme témoin, manifestant toute la contrariété qu'il éprouvait de ce fait. Quel a été le langage du général ? Est-ce celui d'un homme qui veut gagner un témoin ? l'a-t-il engagé à s'abstenir, non ! vous avez recueilli ces paroles avec attendrissement et je vous les rappelle avec bonheur, il lui a dit : « Un honnête homme doit remplir son devoir et dire la vérité. Ce devoir peut être quelquefois pénible ; je le sais par moi-même, j'ai vu des choses qui sont difficiles à dire, mais je remplirai mon devoir! » L'homme qui parlait ainsi, MM. les jurés, n'est pas un suborneur de témoins. C'est le général de Landoville, croyant, comme il vous l'a dit dans son langage énergique, qu'il appartenait à la justice de protéger le maire d'une commune, comme le représentant de la loi dans la commune.

Voilà toute l'affaire, MM. les jurés, Voilà comment comprend l'accomplissement de ses devoirs celui dont je vous ai raconté la vie, celui qui a donné à son pays sa vie et son existence tout entière, et qui, au terme de sa carrière, accablé de blessures, couvert d'infirmités, après dix-huit campagnes, a acquis le droit exorbitant de porter le titre de maréchal de camp sans être arrivé à ce grade.

Je vous ai peint l'homme souffrant sans se plaindre des coups multipliés sous lesquels il a manqué de succomber. Je suis sans inquiétude, mais qu'il a dû souffrir, ardent comme il est, volontaire, inébranlable, se voir atteint par une accusation infâme, lui qui se rappelle qu'il a commandé à des soldats, qu'il a occupé un grade supérieur, qu'il a été béni sur les champs de bataille par ceux auxquels il avait sauvé la vie. Il a exercé un commandement absolu, il a été élevé dans les habitudes de l'autorité, et il s'est vu amené sur ces bancs où le retenait attaché, non pas la force militaire, mais le sentiment de son devoir. Oh! vingt fois, j'ai craint de voir sa poitrine se briser, j'ai craint qu'il mourût dans nos mains.

Rassurez-vous cependant, général, c'est une épreuve de quelques jours. La justice apportera dans l'appréciation de votre vie toute sa sévérité, je l'appelle moi-même de tous mes vœux, et vous sortirez d'ici brisé par le sentiment qu'inspirent les décrets de la justice humaine, de cette justice que Dieu n'a pas voulu faire infaillible, réservant à sa seule justice le droit d'appréciation suprême.

Vous sortirez d'ici, mais réjouissez-vous, et remerciez ceux qui vous ont amené sur ces bancs. Vous y aurez gagné quelque chose : vous aurez vu éclaircir toutes les actions de votre vie, elles seront toutes exposées au grand jour et vous serez entouré, en sortant de cette enceinte, de plus de respect que vous n'en aviez conquis avant d'y entrer. »

Cette plaidoirie qui a duré plus de deux heures a produit une impression qu'il est difficile de rendre. L'audience est suspendue pendant quelques instants, et Me Chaix-d'Est-Ange reçoit les félicitations empressées de tous les membres du barreau et de quelques-uns des magistrats de la Cour et du Tribunal qui occupent les premières places dans l'auditoire.

L'audience est ensuite reprise, et la parole est donnée par M. le Président au défenseur de la demoiselle André et de la fille Maldémé.

Me Lefèvre après l'admirable plaidoirie que MM. les Jurés viennent d'entendre et sous le coup de l'émotion qui nous domine nous-mêmes, nous déclarons, mon confrère Me Louis et moi, renoncer à prendre la parole. (Marques nombreuses d'approbation.)

M. le Président. La parole est à M. le procureur général pour répliquer.

Ce magistrat commence par exprimer le regret qu'il a éprouvé d'entendre traiter de profanation de la justice l'œuvre de la chambre d'accusation qui a renvoyé devant le jury les deux accusés dont la raison est altérée. Si M. le procureur général a conclu dans un sens contraire à l'arrêt de la Cour, et s'il l'a déclaré publiquement à cette audience, ce n'est pas pour se séparer des magistrats de la chambre d'accusation ; il désire en donner une explication que tout le monde comprendra. C'est que la chambre d'accusation qui prononce sur les pièces seules de l'instruction, qui ne voit pas les accusés, qui ne voit que les pièces du procès, n'a pas pu juger de l'état mental des accusés dont on parle, comme l'a fait l'officier du ministère public qui les avait sous les yeux, et qui pouvait les juger lui-même. Et puis les magistrats ont encore pensé que, devant un fait reconnu constant, il était de leur devoir d'en déclarer la réalité, en réservant au jury seul le droit de prononcer sur la moralité des faits et sur l'état mental des accusés. C'est donc avec regret que M. le procureur général a entendu adresser aux magistrats le reproche d'avoir profané la justice.

M. le procureur général annonce ensuite que sans vouloir rentrer dans la discussion des faits, il ne veut que relever quelques inexactitudes commises par la défense. Il combat la critique qui a été faite du droit d'arrestation d'un témoin donné aux magistrats ; c'est un droit nécessaire et dont on use toujours avec réserve. L'accusé de Landoville n'a été arrêté qu'en vertu d'un arrêt de la Cour, après délibération en chambre du conseil. On lui a fait d'ailleurs toutes les représentations nécessaires, on l'a engagé non pas à se rétracter, mais à convenir qu'il pouvait être dans l'erreur, et ce n'est qu'en présence d'une persistance obstinée que la justice a dû sévir.

S'expliquant ensuite sur le témoin Quinel et sur l'espèce d'injonction faite au ministère public, de le poursuivre comme faux témoin, M. le procureur général répond que la lettre du général de Montmarie n'ayant été produite qu'à la fin du débat, il est dans l'impossibilité de vérifier les faits, et de rechercher si, dans la conduite et les paroles du témoin, il y a eu intention de tromper la justice, ou s'il n'y a pas eu seulement une exagération, blâmable sans doute, mais qui ne donnerait pas ouverture à des poursuites.

Quant au général de Landoville, M. le procureur général reconnaît et déclare que sa vie a été pure, que ses services ont été honorables, et qu'il a été calomnié sans loyauté dans sa vie passée, mais il regrette que les souvenirs glorieux de sa carrière militaire ne l'aient pas retenu sur la fin de ses jours, et que les devoirs obscurs de sa vie civile l'aient trouvé moins fort et moins persistant dans leur accomplissement. D'ailleurs une première fois, et dans l'affaire de contravention de la régie, il a failli à ses devoirs. Le second fait qui lui est reproché en acquiert d'autant plus de vraisemblance.

M. le procureur général insiste sur l'appréciation déjà faite par la Cour royale des faits qui se sont passés entre les Florentin et MM. Le Petit. Il existe à cet égard un document judiciaire, ni attaqué, ni attaquable, et aujourd'hui souverain. Sans doute le principe de l'indépendance du jury est très-respectable, mais la chose jugée ne l'est pas moins, et il tient en quelque sorte à l'honneur de la justice elle-même, qu'une décision nouvelle du jury ne vienne pas déclarer un fait nouveau, qui serait contradictoire avec les faits établis par l'arrêt de la chambre correctionnelle de la Cour royale.

En terminant, M. le procureur général engage les jurés à refouler au fond de leur cœur les émotions qu'on a cherché à y exciter; qu'ils s'arment de fermeté et d'indépendance; qu'ils songent à la sainteté du serment, sans le respect duquel il n'y a pas de justice possible, du serment, qui soumet à l'empire de la conscience même les mouvements du cœur, et qui ne permettra pas à ceux qui ont eux-mêmes juré d'examiner en toute liberté d'esprit les charges qui pèsent sur les accusés, de déclarer non coupables ceux d'entre eux qui leur paraîtront réellement coupables.

Me. Chaix-d'Est-Ange. Je n'aurais pas voulu répliquer, dit l'avocat : le procès est si simple, la justification de mes clients est si facile et si évidente; j'ai tellement foi dans votre justice, que toute réplique était inutile.

Cependant quelques mots que j'ai entendus sortir de la bouche de M. le procureur général exigent de ma part une explication personnelle : je la donnerai tout à l'heure; mais, avant tout, et puisque je suis encore condamné à prendre la parole et que vous êtes condamnés à m'entendre, Messieurs les jurés, quoique la justification de mes clients soit complète, je répondrai un mot au dernier réquisitoire du ministère public.

J'ai rendu justice à son humanité et à sa modération : M. le procureur général a ajouté que, dans sa sollicitude, la justice avait tout fait pour prévenir les dangers que pouvait avoir pour le général une trop longue captivité, qu'elle avait envoyé un médecin pour savoir si le patient était en état de subir cette prison préventive. La justice a été rassurée; elle a mesuré ses forces et elle a vu qu'il pouvait attendre : il porte cependant aujourd'hui des traces évidentes de sa captivité, mais enfin les lenteurs de la procédure ont été abrégées, le procès a marché vite : grâces en soient rendues à M. le procureur général; car, malgré ses souffrances, le baron de Landoville est vivant encore, et la justice le produit devant vous en état de supporter les épreuves de ce cruel débat.

Il est une question fort indifférente au procès. Les Florentin ont-ils jeté des pierres? Oui, sans doute. Le fait est-il moral? Non, je le concède; j'ai même accordé qu'il ne devait pas être permis de mentir, fût-ce pour assurer le triomphe de la justice. Ainsi, le système des Florentin, à l'appui d'une bonne cause était un système immoral : M. le procureur général a ajouté que c'était un système inintelligent; je me contenterai de dire qu'il était immoral, c'est donc une question tranchée.

Les frères Le Petit, au contraire, ont-ils jeté des pierres? voilà la question importante du procès, car M. le procureur général accorde que s'ils en ont jeté, le baron de Landoville a pu les voir.

L'ont-ils fait? Je crois l'avoir prouvé jusqu'à l'évidence, et tous les témoins vous ont dit qu'ils avaient vu des pierres venir de leur maison. Vains efforts, M. le procureur général n'y croit pas, car aucun n'a dit avoir vu M. Le Petit jeter des pierres; mais je n'ai pas besoin de cela, les pierres venaient de leur maison, cela me suffit et un vieillard a bien pu se tromper sur l'identité de celui qui les jetait.

Mais il y a plus, je ne plaide pas ce doute, je ne veux pas reculer devant l'accusation, ce serait une lâcheté.

Sans étaler la cause outre mesure, la resserrant au contraire, j'arrive au témoignage de MM. Chardard et Bachot : ce sont d'honnêtes gens, M. le procureur général le concède, leur parole est donc certaine. Eh bien! on a jeté une pierre, ils ont ouvert la fenêtre et vu un homme... lequel? je n'aime pas les chicanes, je cherche les grandes raisons, celles qui persuadent les gens sensés, intelligents, raisonnables comme vous! Il n'y a personne sur la route : mais voyez-vous là, dans le jardin de M. Le Petit, un homme couvert d'un chapeau de paille, comme en porte habituellement M. Alphonse Le Petit, comment est cet homme? Arrose-t-il tranquillement ses fleurs? Non! il s'enfuit, il cherche à se dérober sous les arbres, il s'enfuit à grands pas. Eh bien! ce sont d'honnêtes gens qui disent cela; il faut le croire, quant à moi je suis convaincu, comme si j'avais saisi M. Le Petit une pierre à la main, le fait est évident.

Et je comprends maintenant pourquoi, lorsque le brigadier de gendarmerie a dit à M. Le Petit : Vous avez jeté des pierres aussi, celui-ci s'est mis à sourire : ce sourire est un aveu, et M. Le Petit a jeté des pierres.

Votre conviction doit donc être comme la nôtre, et l'audience d'hier n'a pu que l'augmenter; c'est donc maintenant un fait acquis.

Le baron de Landoville, en disant qu'il a vu M. Le Petit jeter une pierre, a-t-il dit vrai? Non, dit M. le procureur général, c'est un faux témoin. —Mais, pourquoi?—Oh! je ne sais!

Avouez, Messieurs les jurés, que c'est une triste position pour une accusation, que d'amener devant vous un honnête homme, et de vous dire : Je veux que vous le condamniez pour un crime; mais je ne sais pourquoi il a commis ce crime! N'importe! Vous ne le voudrez pas, Messieurs les jurés, j'en ai la conviction.

Vous avez parlé d'une condamnation légère ! miséricorde ! mais enfin, fût-elle plus légère encore, avant de condamner un homme, le jury veut savoir pourquoi il est coupable.

Cet argument n'est pas sans réplique, je le sais bien ! Il est des mystères devant la profondeur desquels le jury même s'incline et condamne. Mais pour cela, il faut qu'au moins le fait soit constant. Ainsi, vous amenez devant moi un homme, il a été pris le poignard à la main, le sang de sa victime coule encore : Je condamne, parce que je ne conserve pas de doute, et, quoique je ne comprenne pas tout l'intérêt du crime, je ne puis résister à l'évidence.

Il faut donc pour cela que l'accusation prouve le crime d'une manière aussi claire, aussi évidente que possible; des preuves ordinaires ne peuvent satisfaire le jury, et quand vous lui parlez d'une organisation d'exception, il lui faut des preuves d'exception.

Où sont donc ces preuves? Un mot seulement sur ce point; car je ne sais pas prouver l'évidence, et j'éprouve le regret de me battre pour une cause trop bonne. L'accusation les avait dans le principe, ces preuves. On avait établi que le fait était impossible; mais des vérifications ont été faites, et la possibilité matérielle a été établie.

L'avocat discute de nouveau en quelques mots la question de savoir si le général de Landoville a pu voir M. Le Petit jeter des pierres, au jour qu'il a indiqué et dans les circonstances que signale le procès, et il établit la possibilité du fait.

Il faut maintenant, continue-t-il, que l'accusation prouve que cela n'a pas pu avoir lieu le 17 juillet. Or, comment le fait-elle, il n'y a pas une preuve ! Il n'y a pas même de présomptions. Car on ne peut pas opposer sérieusement la déclaration des témoins Colas et Mayer. Ils sont honnêtes, sans doute, ils sont certains d'avoir dîné le 17 juillet, chez M. Alphonse Le Petit, jour de la fête d'Arnaville : ceci est prouvé, qui le conteste? Mais est-ce là la preuve à faire? Non ! Il faut prouver que, ce jour-là, les témoins Colas et Mayer ont gardé à vue M. Alphonse Le Petit, lui disant : Nous te tenons-là, il faut que tu restes, nous ne te lâchons pas ! Il faudrait de terribles preuves pour établir que, chez lui, un amphytrion a été soumis et s'est résigné à une surveillance pareille; il faudrait des preuves plus claires que le jour, et l'accusation n'en apporte pas.

Voilà toute l'affaire, il n'y a pas autre chose, et je remets le sort des accusés à votre justice éclairée.

Cependant, en combattant l'accusation que M. le procureur général a soutenue avec des efforts inouïs d'éloquence et avec une conviction dont personne ne peut douter, quand on a l'honneur de le connaître, j'avais laissé échapper quelques paroles dont la justice aurait droit de s'alarmer. Si cela était, je déclare à la face de la justice, non pas sous le coup d'une menace quelconque, mais volontairement et librement, que je m'empresserais de les désavouer.

Mais comment serait-il possible que moi, fils de magistrat; moi élevé dans le respect de la magistrature; moi attaché depuis vingt-trois ans à cette noble profession du barreau qui nous place à côté d'elle et nous rend plus que personne habiles à lui rendre justice; moi qui, ici même, dans cette enceinte, aurais appris à respecter la magistrature, si j'avais eu besoin d'une telle leçon; moi qui ai trouvé ici les exemples de la bonne conduite d'un débat et du langage le plus élevé dans la bouche du ministère public; comment serait-il possible, dis-je, que, dans la chaleur même de l'improvisation, aucune de mes paroles ait pu alarmer la magistrature? Non, non, MM. les jurés, cela n'est pas, cela ne peut pas être.

J'ai dit et je le répète que vous allez agir dans la plénitude de votre juridiction que vous ne devez pas vous inquiéter des décisions antérieures qui ne sauraient lier votre indépendance. Voilà ce que j'ai dit et venant à ma cause, j'ai exprimé le chagrin, la douleur, l'embarras que j'éprouvais à la vue du spectacle qui m'était offert. La justice des magistrats qui ont renvoyé devant vous deux de ces accusés a été égarée; non pas qu'elle n'ait pris tous les moyens d'investigation, mais parce qu'elle ne savait pas l'état mental de ces malheureux, celle-ci qui touche les limites de l'idiotisme, celui-là à peine échappé d'une maison d'où il n'aurait j'amais dû sortir. Il m'était impossible de ne pas déplorer une erreur, honorablement commise, sans doute, mais réelle. On les a crus raisonnables, autrement on ne les aurait pas renvoyés devant vous, mais en présence de ce spectacle affligeant dont nous avons été témoins, mais en voyant ouverte la pierre qui recouvrait cette intelligence, quand on trouve, au lieu de la raison dont on la croyait éclairée, l'obscurité fatale qui l'enveloppe, mais en pensant aux souffrances qui ont pu mettre en péril la vie d'un vieux général éprouvé par tant de vicissitudes, j'ai pu manifester ma douleur. Et qui dit que Dieu ne soufflera pas sur ce reste d'intelligence qui les anime encore ? De tout cela, il m'a été permis de gémir, sans offenser la justice, sans que les magistrats qui m'entendent aient pu croire un seul instant avoir été atteints dans leur honneur et dans le respect qu'ils ont le droit d'inspirer et que nous leur portons tous. (Marques nombreuses d'approbation.)

Après cette réplique, M. le président Cléret, qui avait conduit ces longs débats avec une impartialité remarquable, les a résumés avec beaucoup de lucidité et de netteté.

Il a ensuite remis entre les mains de M. le chef du jury les questions auxquelles doivent répondre MM. les jurés.

Au bout d'un quart d'heure, le jury a rapporté une réponse négative à l'égard de tous les accusés.

Les accusés sont introduits au milieu du prétoire. Le greffier donne lecture de la déclaration du jury. M. le président prononce l'ordonnance d'acquittement. M. le baron de Landoville et son frère sortent immédiatement, entourés de leur famille, dont tous les membres n'ont cessé de leur donner pendant leur détention et ces longs débats des preuves constantes de leur vive affection.

APPENDICE.

(La pièce suivante a été imprimée et publiée le 1er mars 1843.)

QUELQUES RENSEIGNEMENTS SUR UN PRÉTENDU VOL FAIT AU ROI MURAT, ET DONT LE RIDICULE ET L'ABSURDITÉ NE DIFFÈRENT DE BEAUCOUP D'AUTRES CALOMNIES QUE PAR L'ABSOLUE IMPOSSIBILITÉ.

Quelques misérables ont répandu le bruit que j'ai volé les trésors du roi Murat. Selon les uns, à Naples même, selon les autres, en Corse, et selon la troisième version, au Pizzo en Calabre, où ce roi chevalier, périt si misérablement par le lâche abandon de ceux-là mêmes qui s'étaient chargés de le défendre. Depuis bientôt 25 ans que je vis retiré à la campagne, ces absurdités ont assez fréquemment bourdonné à mes oreilles, mais elles ne pouvaient exciter en moi qu'un mépris dédaigneux. Aujourd'hui qu'elles se sont renouvelées, et que je suis sous la prévention d'une accusation grave, j'éprouve le pressant besoin d'éclairer une fois pour toujours ces assertions calomnieuses. Je vais donc détailler tous les rapports que j'ai eus et que je pouvais avoir avec cet ex-souverain.

Après la bataille de Céréa dans le Mantuan en Italie, je vis pour la première fois le chef de brigade Murat, à l'attaque du faubourg St.-Georges à Mantoue. Il me chargea de pousser l'ennemi avec mes grenadiers sur le flanc gauche de ses retranchements, afin de pouvoir le faire prendre à revers par l'artillerie.

Je ne le vis plus qu'au siége de Saint-Jean-d'Acre en Syrie, où il campa avec sa cavalerie sur les derrières de l'armée assiégeante. Lors de la redoutable invasion syrienne, dont le nœud capital fut la bataille de Mont-Thabor, le général de brigade Murat se porta en avant avec deux bataillons d'infanterie et sa cavalerie pour pousser au delà du Jourdain la redoutable cavalerie des mamelucks d'Ibrahim-Bey. Arrivé dans l'immense plaine traversée par ce fleuve et personnellement brave jusqu'à l'imprudence, il essuya une charge impétueuse qui le rejeta sur son infanterie que j'avais rapidement formée en carré. La cavalerie ennemie, écrasée par notre feu à bout portant, se dispersa en nous abandonnant son camp sur la rive opposée du Jourdain. C'est là que Murat, dans un accès de chevaleresque gratitude, me déclara son sauveur, en m'embrassant en présence de son petit corps d'armée.

Le 4 pluviôse an 12, à Lyon, le général Murat a apostillé un mémoire de proposition pour sabre d'honneur fait par M. de Bazancourt, chef de brigade du 4e régiment d'infanterie légère en faveur du soussigné. Cette apostille est ainsi conçue :

« Le général Murat atteste qu'il a les plus grands éloges à donner de la conduite et de la bravoure du chef de bataillon Sticler pendant tout le temps qu'il a servi sous ses ordres. Signé MURAT. »

Nommé, le 12 octobre 1808, au commandement du 2e régiment étranger stationné dans le royaume de Naples, je ne parvins à voir le général en chef Murat que dans le courant du mois de mars 1809. Le 6 septembre même année, au milieu de plus de deux cents personnes qui assistaient au lever du roi, je lui demandai la permission de provoquer en duel le général Paul Lacroix, son chef d'état-major, pour propos menaçants. Ma demande fut agréée et ce général reçut sur-le-champ ordre de me rendre raison. Le duel eut lieu le lendemain et l'armée entière sut que je lui ai fait deux fois grâce de la vie. Cet officier général fut peu après réformé et renvoyé chez lui.

Dans le courant de 1810, le roi Murat fit enlever plusieurs détachements de recrues venant de Trèves et rejoignant mon régiment pour les incorporer dans les troupes de son royaume. Je m'en plaignis vivement à lui-même et le prévins enfin, dans une audience publique, que je ne pouvais me dispenser de rendre compte de ces faits au duc de Feltre, ministre de la guerre, ce qui eut lieu à son très-grand mécontentement, car il me retrancha les mille ducats napolitains dont il gratifiait tous les ans les colonels commandant les régiments français en son royaume et sous ses ordres.

Le 11 septembre 1811, je fus nommé colonel au 14e régiment d'infanterie légère et partis pour les îles Ioniennes en novembre suivant, sans pouvoir obtenir du roi Murat une audience de congé, ce qui annonçait une disgrâce complète.

Je n'ai jamais plus revu ce prince, ni été en situation d'entretenir des rapports quelconques avec lui ou les siens. Ses catastrophes politiques, militaires et personnelles ne sont parvenues à ma connaissance que par la voie des journaux.

A l'évacuation de l'île de Corfou, ensuite du traité de Paris, en 1814, mon régiment fut conduit en Corse, où il occupa le département du Liamone. Il repassa en France par ordre du Maréchal prince d'Esling, en date du 10 avril 1815.

Obligé de me rendre de Toulon au Champ de Mai, à Paris, où tous les colonels de l'armée se trouvaient réunis, je ne rejoignis plus les rives de la Méditerranée qu'avec la légion départementale de la Lozère, que je fus chargé d'organiser vers la fin de l'année 1815.

On dit que plusieurs de mes voyages à Paris ont eu pour but de rembourser à la veuve du roi Murat des sommes très-considérables. Je n'ai jamais vu cette princesse en France qu'au couronnement de l'Empereur et à des fêtes de cour qui s'en sont suivies. Les voyages dont mes calomniateurs entretiennent le public ont eu pour motif de surveiller un procès que j'avais intenté au notaire Bonnefond pour un prêt de 25,000 francs, fait en son étude et qui s'est perdu par sa faute. Aussi, ce notaire a été condamné au remboursement par arrêt de la Cour royale de Paris du 18 juin 1840.

LE GÉNÉRAL BARON DE LANDOVILLE.

Des officiers supérieurs ayant engagé le général, baron de Landoville à donner d'une manière plus détaillée un fait de guerre mentionné dans la plaidoirie de Me Chaix-d'Est-Ange il a cru devoir céder aux bienveillantes instances de ses anciens frères d'armes.

Pendant que l'armée du général Bonaparte occupait la Syrie, plusieurs provinces de l'Egypte s'étaient révoltées. Le 2e bataillon de la 4e demi-brigade d'infanterie légère, commandé par le citoyen Stieler, fait chef de bataillon à la bataille des Pyramides, fut, comme première avant-garde, chargé d'escorter, à travers le Grand-Désert, des prisonniers anglais et des généraux et officiers malades et blessés. A peine arrivé sur les confins de l'Égypte, Stieler reçut l'ordre de traverser, à marche forcée, le Delta, pour se porter sur le fort de Rhamanieh. Là il trouva le général Destaing, chargé d'attaquer et de détruire l'immense rassemblement des révoltés de la province du Bahiéré, organisé dans les solitudes de cette contrée par le nouveau prophète accouru de la Barbarie avec une masse de Mograbins. Après plusieurs jours de marche, le général mal servi par ses espions et forcé d'acquérir par lui-même des renseignements, lui donna ordre d'entrer dans le Désert en dirigeant la marche sur un village arabe de la tribu des Ouladalies. Le bataillon du commandant Stieler ne comptait plus que quelques centaines d'hommes épuisés par les privations et d'immenses fatigues. La fortune de la guerre les avait épargnés dans les sanglants assauts de Saint-Jean-d'Acre, où toute sa compagnie de carabiniers avait été brûlée vivante dans la tour battue en brèche, que le général Lannes, commandant ce jour-là la tranchée de siége, l'avait chargée de reconnaître. Arrivé après six heures de marche, à la vue de la forêt de dattiers qui couronnait au loin ces chétives habitations, Stieler se trouva tout à coup en face du redoutable rassemblement, estimé à plus de 20,000 hommes, dont le drapeau vert du nouveau prophète flottait sur le minaret. La mitraille de son unique pièce de canon l'aida à atteindre un cimetière où il prit poste et dut à l'instant même soutenir l'attaque des fanatiques Arabes. Déjà il a des morts et des blessés, le danger s'accroît à chaque seconde; se retirer sans aide de cette situation est reconnu impossible. On comptait sur la colonne du général, mais il ne pouvait supposer un péril aussi pressant. Il ne s'agissait plus que de faire payer chèrement sa vie. A un signal convenu, on se lance à la course sur le village, on ouvre des meurtrières dans les clôtures et l'on se défend par tous les moyens possibles. Déjà le dernier boulet était lancé, les cartouches réduites à un petit nombre, l'incendie de la portion du village non occupée allait atteindre nos soldats lorsque le drapeau musulman disparut du minaret, et les assaillants s'enfuirent à toutes jambes : les 200 dragons du 14e, seule cavalerie de la colonne envoyée à notre secours, sabraient dans le gros des révoltés, en retraite sur la ville de Damenhour; et nous aperçûmes enfin nos frères de l'infanterie accourant pour notre délivrance. Nous retrouvâmes sur le cimetière nos blessés et nos morts à qui l'on avait coupé la tête; du bataillon entier sorti d'Alexandrie l'année précédente au nombre de 1,140 combattants, Stieler avait été assez heureux pour sauver les derniers 120 hommes. Le prophète, en fuyant, avait abandonné ses morts et ses mourants, et toute la plaine resta longtemps ensanglantée.

NANCY, IMPRIMERIE DE RAYBOIS ET Cie.

www.ingramcontent.com/pod-product-compliance
Ingram Content Group UK Ltd.
Pitfield, Milton Keynes, MK11 3LW, UK
UKHW020408230726
13925UKWH00003B/1314